最強モンスター井上尚弥はこうして作った

5人の世界チャンピオンを育てた大橋流マネジメント術

大橋ボクシングジム会長
大橋秀行

〈輝く者をさらに磨き上げる〉

「進化を続けている人間を
さらに磨き上げていくのが
私の使命だと思っています。」

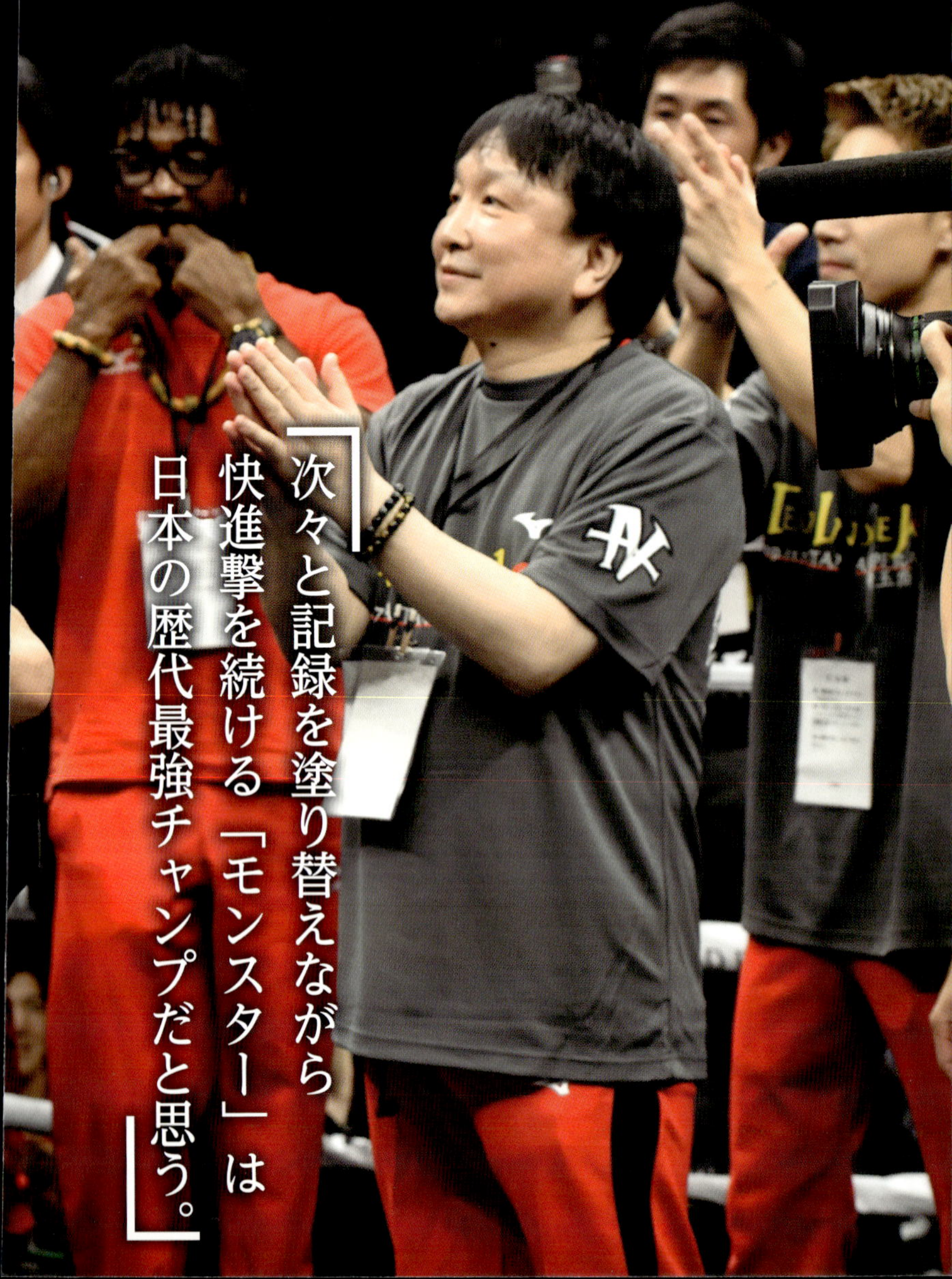

「次々と記録を塗り替えながら
快進撃を続ける「モンスター」は
日本の歴代最強チャンプだと思う。」

IBF
International Boxing Federation

「命をかけて努力する人間には
自分も命をかけて向き合う！」

MUHAMMAD
ALI
TROPHY
WORLD BOXING
SUPER SERIES
大橋会長

Nikon

「すべての汗を無駄にせず
多くの人の心をとらえて前に進め！」

「記憶に残るファイターを
育てるために
私は最大の努力を
するつもりです。」

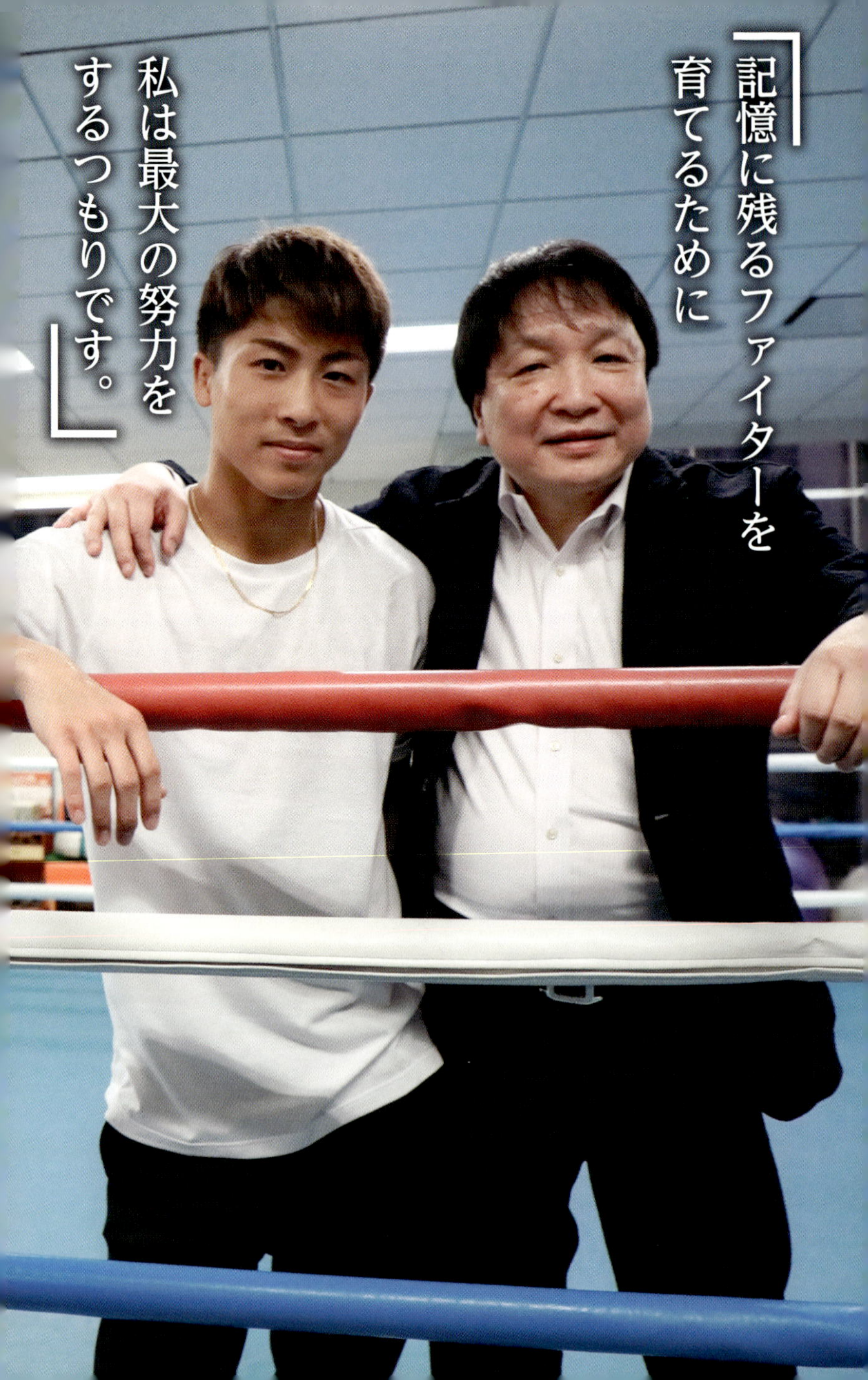

最強モンスター井上尚弥はこうして作った

5人の世界チャンピオンを育てた大橋流マネジメント術

大橋秀行

祥伝社

はじめに

2019年11月7日。我が大橋ボクシングジムに所属する兄弟プロボクサーの井上《いのうえ》尚弥《なおや》と拓真《たくま》がそろって大一番に挑みました。

国内ジム所属選手として平成最初の世界王者になったのは私で、同じく平成最後を飾ったのは井上拓真でした。そして令和最初は拓真の兄・尚弥。

その尚弥は世界トーナメント覇者という称号を新たに手に入れ、拓真は世界統一戦で敗戦こそしたものの、今後の躍進を期待させてくれました。

私は1990年にストロー級（現ミニマム級）で初の世界タイトル（WBC）を獲り、2年後にWBAも制して同級2団体制覇。その2年後にはジムを創立しましたから、ジム経営者としてのキャリアも、かれこれ四半世紀を数えます。

その間、順風満帆だったわけではありませんが、自分の中にある基本的な思考や行動理念には忠実であり続けたという自負はあります。

そんな私を支えようとしてくれる多くの縁にも恵まれて、おかげさまで、これまでに5人の世界王者を輩出することができています。

世界3階級制覇、兄弟同時世界王者、女子王者、さまざまな国内最速記録といった「冠」を、次々と手にしてきた私のジムの所属の選手たち。そんな選手たちに私は、世界王者の先輩として、そして何よりジム経営者として、どのように接してきたのか。向き合ってきたのか。

基本的に私は、技術的な指導よりも選手の個性に合わせた心のマネジメントを自分の主な仕事だと考えています。選手たちのキャリア形成をサポートするという点で見れば、もっとも重要な仕事は対戦相手を決めるマッチメイクだと考えています。

こうした私の日常業務、その取り組み方などは、ボクシング界に身を置いていなくても参考にしていただけるのではないでしょうか。

ボクシングファンからすれば裏話的な内容も盛り込まれていると思います。告白本としても楽しんでいただければと願っています。

最強モンスター井上尚弥はこうして作った
5人の世界チャンピオンを育てた大橋流マネジメント術

目次

第1章

輝く宝石の光をさらに鋭く……「モンスター」マネジメント

第2章

ジム経営者という「自分」をマネジメントする

第3章
ボクシングに学んだ普遍的な「人間力」の作り方

第4章

【川嶋勝重のケース】
才能を見つけて伸ばすための「原石」マネジメント

第5章

【八重樫東のケース】ポテンシャルを引き出して輝かせる「金の卵」マネジメント

第6章

今の自分を作った原点……自分自身を振り返る

【STAFF】
構成／熊谷充晃
撮影（口絵・オビ）／山口裕朗
撮影（本文・口絵）／圓岡紀夫
本文デザイン・DTP／原沢もも
協力／井上尚弥、大橋ボクシングジム、
セカンドキャリア
編集／菊池企画
企画プロデュース／菊池真

輝く宝石の光をさらに鋭く……

「モンスター」マネジメント

第1章

「ずば抜けた才能を持つ者を
誰も追いつけない者に
育て上げたい。」

Winning

参考にできる前例がない「怪物」マネジメント

舞台は2019年11月7日のさいたまスーパーアリーナ。そのメインイベント。世界一を決めるトーナメントWBSS（ワールド・ボクシング・スーパー・シリーズ）で見事に優勝した井上尚弥《いのうえなおや》は、中学生当時すでに、同世代の中ではずば抜けた実力を持っていました。

アマチュア時代の初試合は小学校6年生のときですが、中学2年生を相手にしたこの試合で勝っていることからもわかります。

そして中学3年生のときは、U-15全国大会で優秀選手にも選ばれています。

この大会は日本プロボクシング協会の会長となった私が、後進育成のためにぜひとも開催したかった、私の宿願のひとつともいえるものでした。その舞台で活躍した尚弥には、いずれ自分のジムに入ってもらいたい……。そんなことも考えていました。

このころ、尚弥の練習を見た八重樫東《やえがしあきら》は、

「中学生にしては強いですね」

といっていました。

八重樫は敗戦こそしたものの、この時点ではすでに世界戦を経験しています。おそらく国内トップクラスに位置するプロとしての意地もあっての発言でしょう。

しかし決して尚弥を見下すのではなく感心したという口調で、プロに入ったらもっと強くなることを感じたからの言葉だったと思います。

八重樫の見立て通りというべきか、尚弥は高校時代にアマチュア7冠を達成しました。

尚弥は高校卒業と同時に大橋ジムの一員となりました。

アマチュアでの実績もずば抜けている尚弥は、入門の時点で、

「原石」

などではなく、

「光り輝く宝石」

です。ほかの選手と違い、これから光り輝くために磨くのではなく、すでにある輝きをさらに増すための磨きをかけることが求められる逸材《いつざい》です。

だから私は迷わず、尚弥のキャッチフレーズを、

「怪物」

に決めました。最初のうちは本人も気に入っていなかったようですが、私が押し切りました。

私は小学生のころからニックネームを付けるのが得意、というより大好きでした。だから同窓会に行っても、あだ名で呼ばれる級友のニックネームは、ほとんど自分が付けたものです。

これは大人になっても変わりません。ジム草創期にプロデビューした選手たちのリングネームも私が考えていました。そして所属選手のニックネームも基本的に私が付けています。川嶋勝重《かわしまかつしげ》の「ラストサムライ」などもそうです。

話を戻しましょう。

ルックス的なところではなくボクサーとしての半端ない強さ。これは、まさしく「怪物」と呼ぶにふさわしいレベルです。

そして、ゆくゆくは海外に進出するということも想定し、海外ファンから、「モンスター」

と呼ばれて恐れ崇《あが》められる存在にまで進化してほしい……。

そんな思いも託していました。

そこで私は入門を発表する記者会見で、

「日本人の世界タイトル奪取最短記録を狙わせる」

と宣言しました。

これは「怪物」が最初に手にする称号としてふさわしいとも思いました。

もちろんアマチュア時代から見続けていて、それが実現可能な人材だと信じているからの発言です。

尚弥が入門した直後、八重樫は井岡一翔《いおかかずと》との世界統一戦に挑んでいます。

その調整期間中、八重樫と尚弥でスパーリングをしたことがあります。

世界戦を前にした兄弟子のスパーで、その相手を務められるほどの逸材だったということです。

その後、プロテストも順調に合格し、入門半年後に迎えたデビュー戦はA級ライセンスを持つプロボクサーとしてリングに立ちます。

日本のプロボクシング界は原則として、プロテストを受けてC級ライセンスを取得し、規定をクリアするとB級、同じくA級という順にライセンスの等級が上がります。

尚弥はアマチュアの実績が顕著なので、特例としてA級としてのデビュー戦が認められました。

この特例が認められたボクサーは珍しく、過去に数人というレベルです。実は私の師匠のひとりであるヨネクラジムの米倉健司《よねくらけんじ》会長が、その最初だったという因縁もあります。

しかし特例によるデビューもそうですが、私が会見でぶち上げた宣言のこともあって、実はマッチメイクが大変でした。

どのクラスの相手とぶつけるのか。

尚弥のデビュー戦では参考にできる前例がないので、ハッキリいえば出たとこ勝負の結果しだい、という部分も大きかったのが事実なのです。

A級なので試合は8回戦。私が決めた相手は東洋太平洋ランカー。勝てばランキング入りも果たせますが、負けたら一から出直しどころではなく、宝石の輝きを奪いかねない一種の賭けでもあるマッチメイクです。

尚弥は見事に勝利を収めてくれて、デビュー即ランキング入りまで果たしました。私が会見で宣言したことが決して口から出まかせのビッグマウスではないことを、自らの拳《こぶし》で証明してくれたのです。

私の面目も立ちましたし、この結果によって世界最短への期待を、ますます高めてくれました。

この試合は難産だったマッチメイク以外でも、私にとっても印象深い試合でした。

デビュー戦となると、誰でも緊張すると思います。

そわそわしたり、ガチガチになってしまったりと、普段通りの力を出せない状態に陥《おちい》るのが一般的です。

ところが尚弥は、入場の合図があるまでBGMに合わせてリズムを取っていて、非常にリラックスしていました。そのまま入場していったので、

「この試合、大丈夫だ！」

と入場の時点で確信できたくらいです。

ジムの先輩世界王者、川嶋や八重樫は、試合前の控え室で醸し出すムードが緊迫していて、気軽に近寄りがたいオーラをまといます。

上気した体から発散される汗から何からが、本人の闘争心を表しているような感じで、私でも話しかけるのをためらうことがあるほどです。

戦士が集中力を高めながら戦場に向かうときを待つ。本当にそんな雰囲気です。

ところが尚弥は違います。いい意味でリラックスの絶頂にある感じで、今から戦うという雰囲気ではありません。

まるでサラリーマンが会社に向かうかのように、飄々《ひょうひょう》としたムードで控え室を出ていくのです。

こんな選手は、今まで見たことがありません。

「こんな選手見たことない。
それが井上尚弥でした。」

私を常に驚かせてくれる「怪物」メンタリティ

尚弥からは入門時、

「強い相手としか戦わない」

という条件を出されていました。トレーナーでお父さんの真吾《しんご》さんも同じ意見です。その項目は契約書にも盛り込まれています。

だからデビュー戦といって勝てそうな相手を見つけるのではなく、その条件に見合う強い選手を探す必要がありました。

尚弥の希望を容《い》れて強い選手を当てて、仮に惨敗しようものなら一大事。

それでも負けを恐れて「そこそこ強い」相手を選んでいたら、たとえ勝てても尚弥は不満だったでしょう。

「きちんと強くて尚弥が勝てる」

この条件を満たす選手を探してのマッチメイクは、本当に大変でした。

しかし入場のときに尚弥が勝てる確信を私に与えてくれたので、心の底からホッとしたのです。怪物マネジメント最初の難関を突破できたと感じたのです。

そこからは、限界ギリギリを攻めたマッチメイクの連続です。相手の実績などを見ても、過酷な試練の連続だったことがわかってもらえると思います。

2戦目はタイ王者相手に1ラウンドKO勝ち。3戦目は日本1位にフルラウンドのTKO勝ち。4戦目は日本最短タイ記録による日本王座奪取。ここで東洋太平洋1位、世界ランカーにもなりました。そのベルトを返上して5戦目で東洋太平洋チャンピオン獲得。これも当時の日本最短記録です。このベルトも返上していよいよ世界初挑戦。

2014年4月。メキシコ人のWBC世界ライトフライ級王者アドリアン・エルナンデスに6回TKO勝ちを収め、見事に記録更新を果たしてくれました。

この日本人最速での世界王者という難問。

尚弥は簡単に果たしてくれましたが、私にとっては感慨深い記録でもあります。

というのも私の師匠でもある米倉会長、私、八重樫と、いわばヨネクラ系ボクサーが3世代連続して失敗していたからです。

それを4世代目といえる尚弥が果たしてくれた。入門時の会見で宣言したことを実行したという以上に、この「悲願達成」という事実が、私にとっては、ますます大きな喜びをもたらしてくれたかもしれません。

こうして着実に実績を積み重ねていく過程で、尚弥は本物の「怪物」としてファンから認知されていったと思います。

高いハードルを次々と越えていくからこその説得力。そのハードルを的確に設定できていたのかなと、振り返ってみれば自分でも誇りに思います。

この世界戦は、試合前から試合内容にいたるまで、印象深いことの連続でした。

中でも尚弥が試合3週間前にインフルエンザにかかってしまい、調整が計画通りに進められなかったことが心に残っています。

その影響で、4回終了時の公開採点ではフルマークで王者を圧倒していた裏で、4

回が終わったときに左足がつってしまい、急速に動きが鈍ってしまっていたのです。足に不安を抱えたまま運命の6ラウンドを迎えました。

戦いが進む中、真吾さんから、

「このままでは尚弥がもたないので、次のラウンドで勝負をかけていいですか？」

と提案されました。

私はそれに同意します。

すると、その話し合いが終わったタイミングで尚弥が自分の判断で接近戦を挑んだのです。

そして猛然とラッシュをかけてダウンを奪いました。

その結果ついに、ラウンドが終わる寸前にレフェリーが試合を止めるという結末を呼び込んだのです。

このときのゴーサインを出す判断。これは私にとって目から鱗が落ちる経験でもありました。

この試合は前述のように公開採点制で、4ラウンド終了時点で圧倒的にポイント差をつけていることがわかっていました。

だから体に異変があったとしても、負傷箇所にそれ以上の負担をかけないようにしながら、有効にクリンチを使ったりしてフルラウンドの判定に持ち込めば勝てる可能性が高いという試合の流れだったのです。

ところが井上親子は安全策を採らず、一気に勝負をかけるというギャンブルを選択した。そして見事に賭けに勝ってしまったからです。

もしも私が単独でセコンドについていていたら、大量リードしているポイントを使って判定勝ちを狙っていたと思います。おそらく私ではなくても、ほとんどのトレーナーは、その選択をすると思います。

勝てる可能性や試合後に残るダメージのことなどを総合的に判断すれば、そのほうが堅実で現実的だからです。

こんな緊迫した判断を瞬時で考え、それを指示しようとできる。

だから尚弥がモンスターなら、もしかすると真吾さんもそれ以上のモンスターなのかもしれません。

こういう判断は、一心同体じゃないとできないと思います。

その点で井上親子は、親子という強固な絆を最初から持っているので、同じ方向を見て一緒に進むということを、ほかの選手とトレーナーの関係よりは、しやすいのかもしれません。

このときの私の頭の中は目まぐるしいものでした。

「やっぱり日本最速は遠い目標なのか……」

走馬灯のようなものが、ずっと頭の中を回っていました。

「ここ一番に弱い自分が、ここで出たか！」

自分で自分が恨めしくもなります。

脱水症状が原因だとはすぐにわかったので、私がしたのはセコンドに、

「近くの自販機でスポーツドリンク買ってこい！」

と大声で叫ぶことでした。それだけ精神的に追いつめられていたと思います。

ところが試合はラッシュをかけた尚弥が見事に相手を倒して勝利。

スポーツドリンクを手にセコンドが買い物から戻ったのは、その直後でした。

「想像もしないことをやってしまうこと。
それはスーパースターの証だと思います。」

強運ぶりも「モンスター」。予定していなかった「飛び級制覇」

エルナンデス戦で左足がつったのは、調整不足の影響で体内の水分バランスが崩れていたこと、それに加えて減量がきつかったこと。これらが主な原因です。

まだ成長途上の尚弥は、このころすでにライトフライ級の体重リミットで試合をすることが厳しくなっていました。

そこで王座を返上して階級を上げようという話になったのですが、さすがに「怪物」は「世界ベルト」が持つ重みを知っていました。

「王者の責任として初防衛戦だけはする」

というのです。

そこで私は本人の希望を容れて、王座奪取の5カ月後、12月30日に初防衛戦を組みました。これに勝利して防衛し、ベルトを返上して次に挑んだ階級は2つ上のスーパーフライ級です。相手は14年間ダウン経験がないアルゼンチン人絶対王者、WBO世界スーパーフライ王者のオマール・ナルバエスです。

プロボクサー、それも特に世界を目指すとなると、さらに上に行くにはタイミングと運が欠かせない要素になると思います。実はこのときに尚弥が日本最速世界獲得や飛び級による2階級制覇をできたのも、これが大きく影響していました。ナルバエスとのマッチメイクは、まさにタイミングと運の賜物だったからです。

もともとライトフライ級で世界挑戦をするつもりで狙っていたターゲットは、IBFチャンピオンでした。

しかし当時のIBFはプロ10戦以上でないとランカーになれないルールがあって、尚弥は自動的に挑戦資格がないポジションにありました。だから最適任者でありながらマッチメイクができません。

そこでWBO王者と交渉をスタートしたのですが、試合が成立すればビッグマネーが期待できるという思惑が膨らみすぎているのか、ファイトマネーを際限なく吊り上げられ、交渉が成立しませんでした。

交渉を重ね尚弥が勝てると判断できた当時のＷＢＣ世界王者アドリアン・エルナンデスとの対戦が、ようやく決まりました。

もしも、どの団体の王者ともマッチメイクできずに終わったら、もしかすると尚弥の日本最速記録は生まれていなかったかもしれません。

このころになると栄養士が、

「もう本人の肉体が限界だ」

と警告するほど、減量が苦しいものになっていました。順当に考えれば階級をひとつ上にします。私も当然、その方向でマッチメイク交渉をしていました。

「きちんと強くて尚弥が勝てる」世界王者として最初にターゲットとしたのはＷＢＡフライ級世界王者のファン・カルロス・レベコでした。

世界奪取と初防衛をした２０１４年の年末大型興行でなんとか実現するべく交渉を続けていました。

ところがレベコの負傷や世界戦スケジュールの都合などで、なかなか条件の折り合いが付けられない。本人の負傷により延期されていた防衛戦が11月に開催されることが決まり、交渉は本格的に頓挫《とんざ》しました。

このときすでにレベコには12月に試合という別のオファーもされていたようで、当初予定の防衛戦と尚弥との試合の順序をどうするかといった問題、年内に試合を強行して怪我でもしたらどうなるか、という懸念などもあったようです。

ここで運命が転換します。

アルゼンチンに本拠を置くレベコのマネジメントが複数の世界王者を抱えていて、その中からレベコ以外の王者を対戦相手として打診されたのです。

「ナルバエスなら大丈夫だけど？」

驚いたことにナルバエスを推薦してきたのです。

相手マネジメント側としても、レベコとナルバエスを無駄なく使って短い間隔で世界戦を2試合できるのだから、ビジネスとして考えてもぜひ実現させたいと思ったでしょう。

ナルバエス側としては、

「つい最近まで2階級下で戦っていた日本の若造。簡単に勝てる楽な試合だ」

という思惑があったようです。

井上親子にナルバエスのことを伝えると、

「ぜひ！」

といういつも通りの二つ返事。そこで先に契約をしてしまって、王者の来日を待つことにしました。

ナルバエスたちは、来日して焦ったはずです。

楽勝なはずの若造の地元での評価を聞き、データを洗い直してみれば見るほど、

「楽勝できる相手ではない」

ことに気づいてきたからです。

明らかに来日当初から比べて、滞在日数が伸びるほどにナルバエスの目元がピリピリしていきました。

ナルバエスは練習熱心で油断することがない選手です。本当に練習量がけた外れで、

それが自信を生む源《みなもと》になっています。

そして自信があっても油断はしないのだから、完成度が高い王者です。

ナルバエスは周囲のスタッフによる希望的観測よりも百戦錬磨《ひゃくせんれんま》の自分の勘を信じて、おごることなく真剣に尚弥の前に立ちふさがってきました。

そのナルバエスが、ガードの上からでも効かされる強打を浴びてダウンを喫《きっ》しました。

おかげで試合後のリングで、尚弥がグローブに何かを仕込んでいるのではないかと、疑ってかかったのです。

何もやましいことはないので私は、彼らの要求をすぐに聞き入れて、リング上で彼らの目の前で、尚弥の拳からグローブを外してチェックさせました。

その結果、ナルバエスは、

「グレート・チャンプ!」

そう尚弥に声をかけて納得しました。

倒れないことで世界的に有名だったナルバエスをKOしたという事実は、世界中を驚かせました。

この試合によって尚弥のネームバリューは、はっきりと世界に向けて高められました。この一戦が「モンスター」として覚醒《かくせい》した瞬間だったと思います。

ところが、これまでのいきさつからわかるように、飛び級制覇は結果論でした。最初から狙っていたわけではありません。

これもまた、尚弥が「持っている」証拠だと思っています。

最有力候補だったチャンプとのマッチメイクが頓挫した瞬間に、もっと大きなチャンスが目の前に姿を見せた。これをきちんとものにした。

さすがに「モンスター」です。

やはり「持っている」選手だからこそ、4戦目で日本王者、5戦目で東洋太平洋王者、6戦目で世界王者と、次々と記録を塗り替えながらベルトを巻けたと思います。

本当に尚弥は別格です。お世辞《せじ》やひいき目を抜きにしても、歴代通じて国内最強の王者だと思います。そして期待以上の戦績を重ね続けるからこそ、本物の「モンスター」として認知されたと思います。

「井上尚弥のチャンスをものにできる力は素晴らしいといつも思います。」

試合だけにとどまらない「相手探し」の難しさ

ナルバエスを倒した尚弥は、これで世界最速（当時）となる8戦目での飛び級による2階級制覇を果たしてしまいました。

ところが飛び級で最強王者に挑んだ代償は、尚弥も払う必要がありました。

翌年3月、ナルバエス戦で1回目のダウンを奪ったときに尚弥の右拳は、想像以上のダメージを負っていたことが判明したのです。

相手ガードの上からでも打ち抜いてダウンを奪ってしまうほどの強打です。自分の拳に影響がまったくないはずがありません。

尚弥の右拳は脱臼していました。

手術も成功し、万全を期して1年のブランクを空けての初防衛戦。相手はWBO1位。つまり最強挑戦者です。

この試合を皮切りにして王座を7連続防衛して2018年3月に返上します。WBSSへのエントリーが決まったこともあり、再び階級を上げてバンタム級に挑もうという方針になったからです。

このころになっても尚弥は、まだ体が大きくなり続けている時期で、試合のたびに減量に苦しむようになっていました。

スパーリングで発揮している強さが試合で思うように出せなくなっていたのです。それに加えてスパーリング相手を探すことも、だんだん難しくなっていました。尚弥の強さが世に知られれば知られるほど、

「練習で壊されたくない」

と敬遠する選手が増えていったからです。

強すぎるゆえの悲劇ですが、インターネットが救ってくれたところもあります。昔と違ってインターネットで動画を検索、見たい映像を見たいときに見ることができるようになった現代。尚弥の試合映像は世界中で検索されて閲覧されています。

それを見た腕自慢、といってもプロボクサーですが、「オレが相手になってやる！」と売り込んでくるケースがあります。

こんなこともありました。テレビ番組で、

「スパーリングの相手を探すのが大変」

と何気なく発言したら、それを見たアメリカ人選手から打診があったのです。

実績がある選手だったのでお願いしましたが、有名な元チャンプが倒せなかったその相手から、尚弥は2回もダウンを奪ってしまいました。

もちろん練習相手に困っているからといってすぐにお願いすることはありません。その選手の動画などをチェックして、練習相手になると判断したらお願いしますが、尚弥クラスになると、それもなかなか難しいのです。

そこで階級が上の選手に打診するなどして、どうにかスパーリングパートナーを決めていきますが、このハードルは、彼が試合を重ねるごとに高くなっています。私にとっては嬉しい悲鳴です。

適正ウェイトでスパーでも試合でも本来の強さを発揮できるようになれば、尚弥はますます強さを見せつけてくれるでしょう。階級を上げたことによってスパーリング相手の候補も変わりますから、ちょっとの間はスパー相手を探すのが、少しだけ楽になるかもしれません。

ＷＢＳＳに出場した尚弥は、１回戦でＷＢＡ世界王座を防衛、続いて準決勝でＩＢＦ世界王座を獲得しました。

そして２冠王者として決勝のリングに立ちました。

相手のＷＢＡ世界スーパーバンタム級スーパー王者ノニト・ドネア（フィリピン）は５階級制覇の実績を持ち、かつて難攻不落のナルバエスにも勝った経験を持つチャンピオンです。尚弥が対戦したかった強豪のひとりでもありました。

ドネアと尚弥には、ちょっとした因縁もありました。

ナルバエスとの試合から１カ月ぐらい前、ドネアはナルバエス対策を尚弥にアドバイスしてくれていたのです。

そんなことも思い返しながら私は、さまざまな思いが交錯するリングを、世紀の大一番を見守りました。

「スパーリングで気になったところは
直接その場で伝えることもあります。」

ジム5人目の世界王者
井上拓真

尚弥の弟・拓真《たくま》も大橋ジムの一員として世界を獲ってくれました。

彼もまた、兄と同じく父である真吾さんに鍛えられてきたボクサーです。キャリアのスタートは幼稚園児だったといいますから、すでに20年近いキャリアになります。

彼のこともアマチュア時代から見ていました。その素質は決して兄に劣らないと感じましたし、決して、「モンスターの弟」で収まるような素材ではありません。

だから「モンスター」と対をなすようなキャッチフレーズが何か必要なのでしょうけれど、まだ名案が思い浮かびません。

彼はインターハイを1年生にして制しています。2年のときは、同学年で後に尚弥と同じ8戦目でプロ2階級制覇を果たすことになる田中恒成《たなかこうせい》選手に敗北しての準優勝でしたが、申し分ないアマチュアの実績です。

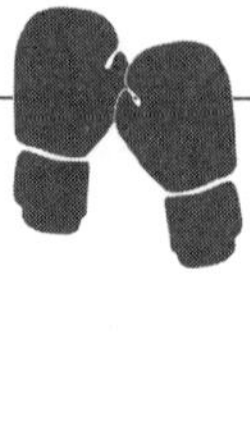

そして高校3年生にしてプロ転向を表明して、卒業を控えた3年の年末には、早くもデビュー戦を経験してしまいます。

マッチメイクという点では、私としては尚弥より弟の拓真のほうがハードに決めてきているという実感があります。

何せB級プロデビュー戦からして日本ランカーで後の世界チャンピオンとなる福原《ふくはら》辰弥《たつや》でした。

尚弥での「成功体験」があるので、同じバックボーンを持つ拓真に対して、より強気なマッチメイクができるのかもしれません。

プロ2試合目からは、世界ランカーだらけです。

このころすでに、見据える先は世界王座でした。

そのステップとして、2015年7月の5戦目では東洋太平洋スーパーフライ級王座決定戦に出場、見事に勝利します。

ところが年末の大型興行で世界に挑戦することが決まった2016年。調整中に右拳を負傷した拓真は、そのまま手術することになり、9戦目での世界挑戦は幻となってしまいました。

そして2017年8月。

右手の手術で1年近く休養した直後の復帰戦は、ブランクを考えると慎重なマッチメイクが求められます。

普通に考えれば、拓真と比べて実力的に「軽い」相手を当てるというのが王道パターンです。実際にその路線で考えていたのですが、ある日、プロ40戦以上を誇るベテランの実力者、久高寛之《くだかひろゆき》選手サイドから対戦の打診がありました。

私は「王道」が念頭にあったので、

「それは厳しいかも……」

と思いつつ久高選手サイドに断りを入れました。

ところが、念のため真吾さんと拓真本人に確認したら、

「ぜひ、やらせてください！」

と二つ返事。慌てて相手と連絡を取り合ってカード実現にこぎつけました。

これも従来の業界的な常識からすると考えられない判断です。

「強くてストイックな逸材・拓真。彼の今後にも大いに期待しています。」

そういう既成概念を、この親子3人は次々と覆《くつがえ》してくれます。

だから「ホーッ!」と感心させられること、学ぶことが多いのです。

実際に百戦錬磨のベテランと手を合わせることができた拓真には、大きな収穫があった復帰戦でした。

好勝負を展開できた拓真は古傷への不安もなくなり、この試合後に再び大きく実力が伸びました。

その結果、2018年9月にはWBC世界バンタム級指名挑戦者決定戦に出場するチャンスが訪れます。

これに判定勝ちして指名挑戦権を獲得したばかりか、同じ年の年末にはWBC世界バンタム級暫定王者決定戦に出場するチャンスも手にし、見事に勝ってジム5人目の世界王者になるのです。

そして兄と同じく2019年11月7日に大一番を迎えました。WBC世界バンタム級王座統一戦です。残念ながら判定負けでしたが、試合を通じて今後の巻き返しに向けた大きな収穫を得たと確信しています。

第2章

ジム経営者という「自分」をマネジメントする

「おかげさまでベルト獲得本数なら
歴代で国内屈指のジムになりました。」

緩いムードに包まれていた立ち上げ当初の大橋ジム

ジムを立ち上げた当時の私は、練習生などとの年齢差があまりなく、「近所のお兄さん」「親戚のお兄さん」のような存在だったと思います。

だから選手たちとの関係性は友人に近いものでした。

練習が終われば一緒に飲みに行くこともしていたし、あまり緊張感がない雰囲気だったと思います。

当時の私は、ある経営戦略から、

「できるだけいっぱい練習生を集める」

ことをテーマにしていました。そして、

「楽しく練習する」

という方針を持っていました。

せっかく入門してくれても、練習がハードすぎてすぐに辞められては意味がありません。いっぱい集めようと思ったら、それでは逆効果なのです。

しかし、これは諸刃《もろは》の剣《つるぎ》です。

「楽しく」から「面白く」に向かってしまうと、ジムとして実力が低下して練習生たちが全体的に弱くなります。本気度が下がるからです。趣味の延長のような練習しかしなくなるからです。

「楽しく」から「厳しく」に向かうと、ジム全体の実力が底上げされます。勝ちたいという闘争心が増し、強くなりたいという本気度が高まるから、練習態度も自ずと真剣になります。

ところが「厳しく」に傾きすぎてしまうと、落伍者《らくごしゃ》が増えて練習生がいなくなってしまう。そんなジレンマを常に抱えていました。

当時は「いっぱい集める」が最大のテーマでしたから、私の方針は自然と、「厳しく」よりも「面白く」に傾いていました。

だから携帯電話で話しながらサンドバッグを打つ。そんな練習態度も「あり」でした。嫌気を起こすことなく続けてほしいという気持ちのほうが勝っていたからです。

私が選手たちにつけるリングネームも、動物の英語名などが多かったと思います。これも「楽しく面白く」の発想の影響だったと思います。


そういう方針を自分で「あり」と思えたのは、もともと私が持つトライアンドエラーの精神も大きな要因だったでしょう。私自身の「若さ」も影響していたでしょう。米倉会長の手法を見て聞いて学んだとはいえ、この時点では実際にジムを経営するという点では初心者にすぎません。だから硬と軟のバランスは、理想像よりズレていたかもしれません。

そういった緩い雰囲気は、高校・大学・ヨネクラジムの後輩でもある松本好二がトレーナーとして加わってくれたことから、だんだんと払拭《ふっしょく》されていきました。

このころになると多くの入門者がいて、本気で上を目指す選手の数も増えていたので、ジム経営のステップをひとつ上がるタイミングを迎えていたこともあります。

先に経営戦略があったと書きました。

これはソフトが先かハードが先かという話でもあります。

世界を獲れるような選手をソフトとすれば、その練習場所や試合の機会を提供するジムはハードといえます。私はハードの管理者代表といえます。

私は先にハードを大きく充実させようと考えました。

練習生の数、興行の回数。それらの規模が大きければ、選手から見るジムの魅力は自然と増します。競争相手に恵まれ、試合のチャンスにも恵まれるからです。

下世話な話も加えるなら、練習生やスポンサーが多く集まればジム経営も経済的に安定させやすくなります。

興行は打ちやすくなりますし、設備を充実させやすくもなります。するとますますジムの価値は上がります。選手にとって一段と魅力的に映ります。

魅力的なハードを作っておけばソフトも自然とそろえやすくなります。

家庭用ゲーム機の歴史もそうでしょう。ソフトメーカーは、魅力的なハードを求めて新ゲームを開発します。ハードが売れなければソフトも売れず、大きなシェアを持つハードに入り込んだソフトは、自然と売り上げを伸ばす機会が増えます。

それにハードの価値や魅力は、キラーコンテンツがひとつ誕生すれば一気に跳ね上がります。ボクシングでいえば、例えば尚弥のような圧倒的強さを持つ選手です。王者が生まれれば、その選手に憧れる入門希望者は増えます。何人も王者がいれば「名門」ということになって、それだけで入門希望者を増やすこともできます。

そうして高い価値や魅力があるジムなら、スカウトも成功させやすくなります。有望な選手から声をかけられるのを待っていては、いくらたっても有望な選手を入門させることはできません。

積極的にスカウトするのも大切ですが、その成功率を高めるためにも、ジムの存在価値を高めることが求められると考えたのです。

この考えの根底には母校・横浜高校の存在も影響しています。創部2年目くらいから全国クラスの選手を輩出していた強豪校で、早い段階から「名門」でした。まさに魅力的なハードです。私もそう感じたから進学先として選んだという側面はあります。

だからハードの基礎体力がついたと思えたころから段階的に、「面白く」を減らして「厳しく」を増やしていきました。今のジムの雰囲気は、それらのバランスがうまくとれていると思います。

それからジム経営という点で見ると、世界王者を生み出すその前後の動きが重要です。私の場合、川嶋が世界王者になったとき、八重樫をスカウトしました。その八重樫が世界王者になる前後、私は尚弥をぜひ自分のジムに入れたいと動いていました。だから2012年に八重樫と井岡一翔が世界王座統一戦を戦うとき、尚弥の入門がほぼ決まっていました。

そして尚弥が世界王者になったとき。

私は次なる世界王者候補を求めてスカウトに力を入れていました。その成果は、まもなくお見せできると思います。これからを楽しみにしていてください。

これは米倉会長の手法でもあります。そして、王者誕生に慢心するなどして、どこかで王者の橋渡しができなくなったとき、ジム経営はピンチを迎えるのだと思っています。

マッチメイクは経営者としての「挑戦」だ！

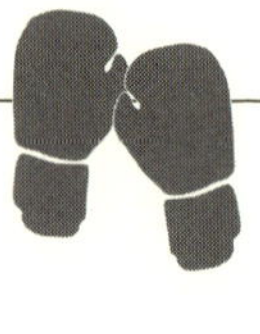

私が大橋ジムを興《おこ》して最初に開催した興行では、5人のジム所属選手が全員負けるという惨敗ぶりを見せてしまいました。

試合前までの私は、所属選手の全勝を想定していました。そして、

「全階級で新人王を独占したらどうしよう？　そうなったら業界の勢力図が大きく変化して、すごいことになってしまうな！」

などという夢を見ていました。

ひとりで勝手に夢を見て、鼻息を荒くしていたと思います。

ところがふたを開けてみれば、自分で思い描いた夢物語が無残に打ち砕かれました。

5試合5連敗という結果は、現在の私から見れば当然のものです。

当時の私は、現役選手の気質が色濃い若者でしかありません。

ジム経営の初心者で、興行に関する全般について、経験も知識も圧倒的に不足していました。

そんな私が、所属選手の相手を探していたわけですが、その相手を選ぶ基準が独りよがりだったのです。

「自分なら、こう戦えば倒せるぞ」

そんな理由で相手を選んでいました。

実際に戦うのは、デビュー戦だったりデビュー間もないといったプロ経験が浅い選手です。それなのに自分が倒せそうな相手を選んでいたのです。極端な表現を使えば、4回戦ボーイにタイトルマッチや前哨戦を戦わせるようなものでした。

実際に戦う選手をモノサシにした実力差やファイトスタイルの相性などを考えていないのですから、負けて当然のカードといえます。戦った選手たちには、本当に申し訳なかったと、今も思います。

このスタートがあって私は、

「自分の中にある現役気質を早く抜かないといけない」という思いを強くしました。長い期間ずっと選手であり続けたので、これを達成するのは難しいことでしたが、それでも一刻も早く完全に「ジム経営者」の気持ちに切り替えないと、ジム運営が成立しません。

特に気をつけたのはマッチメイクです。どうしても「現役の自分」の意見が頭に浮かんできてしまう。それを打ち消しながら戦う選手本位の相手探しをする。

私はジム経営の最大の肝ともいえるのが、この相手選びだと思っています。選手を活かすも殺すもマッチメイクしだいだと思っています。それは自分の現役時代のキャリアがそうだったからです。

「無謀な挑戦」などといわれるようなマッチメイクでも、私は「この選手なら勝てる！」と信じるからこそ組みます。もちろん「経営者」としての判断です。

それはそうです。

本当に「無謀」なことをしたら、選手の人生にも、ジム経営にも大打撃だからです。一度の失敗で取り返しがつかなくなることもあります。

私は選手ではないけれど、マッチメイクでは選手と同じように「挑戦」しています。だから、本物の無謀になるかならないかの瀬戸際《せとぎわ》で相手を絞っていき、できるだけ最大限に選手を活《い》かせるマッチメイクをする。

本当に骨が折れる仕事ではあるけれど、一方で大きなやりがいを感じます。自分で練りに練ったマッチメイクがうまくいって、選手が大きく飛躍してくれるなら、これほど選手の視点からも「経営」の面から見ても嬉しい成果はありません。

マッチメイクは、結果が出れば選手の功績。負ければ私の責任です。

尚弥の世界戦を決めたとき、あるOBが心から心配して、

「親御さんの意見は？　本当に大丈夫？」

と連絡をくれました。私は内心ヒヤッとしました。

よかれと思って決めたマッチメイク。自信を持って進めた交渉。しかもOBの心配とは裏腹に、本人も親もOKしている。けれども……。

挑戦的なマッチメイクというのは、見る人によっては無謀を越えて命を危険にさら

す野蛮な行為だと思えるのです。

視野を広く取らないといけない、多面的に考えていかなければならない。

そういうことを改めて思い知らされました。

負けただけなら私の責任といえば済む話ですが、間違って死亡事故が起きてしまうような実力差があるマッチメイクだったら、それだけで済む話にはなりません。

だからといって安全面ばかりを考えていたら高みを目指す選手の気持ちにもこたえられないし、ファンが喜んでくれる試合を提供することもできない。

そういったさまざまな面から最大公約数的にベストに近い試合を組み立てる。

その難しさを、現在進行形で味わっているところです。


ところで5連敗スタートだった私のジム経営者としての一歩ですが……。

人生はどう転ぶかわかりません。

この5連敗がある選手の人生を大きく変え、ジムの未来を変えたのです。

5連敗最後の選手の同級生で、応援しにきていたひとりのサラリーマンがいました。

彼は同級生が見せる激闘に感動を覚え、スポットライトを浴びる姿にはうらやましささえ感じました。

そして試合後、その選手を仲介して私に「入門したい」と願い出ます。

何の格闘技経験もないサラリーマン。最初は門前払いです。

「今のまま働いているほうが、絶対にいいから」

そう断りました。やがて彼は初志を貫徹して大橋ジムの練習生となります。

それが後にジム初の世界チャンピオンとなる川嶋勝重でした。

彼を門前払いしてから半年ほど、連絡がありませんでした。

私は、思いとどまって諦めたと思っていました。

ところが私と再会した川嶋は仕事の引継ぎなどをきちんとして、周囲に迷惑をかけない形で会社を辞めるのに半年必要だったと話しました。

私はまだ在職中だと思っていたので、

「辞めるのは早いと思う。よく考えてみて」

といったのですが、川嶋は、すでに会社を辞めてしまっていました。

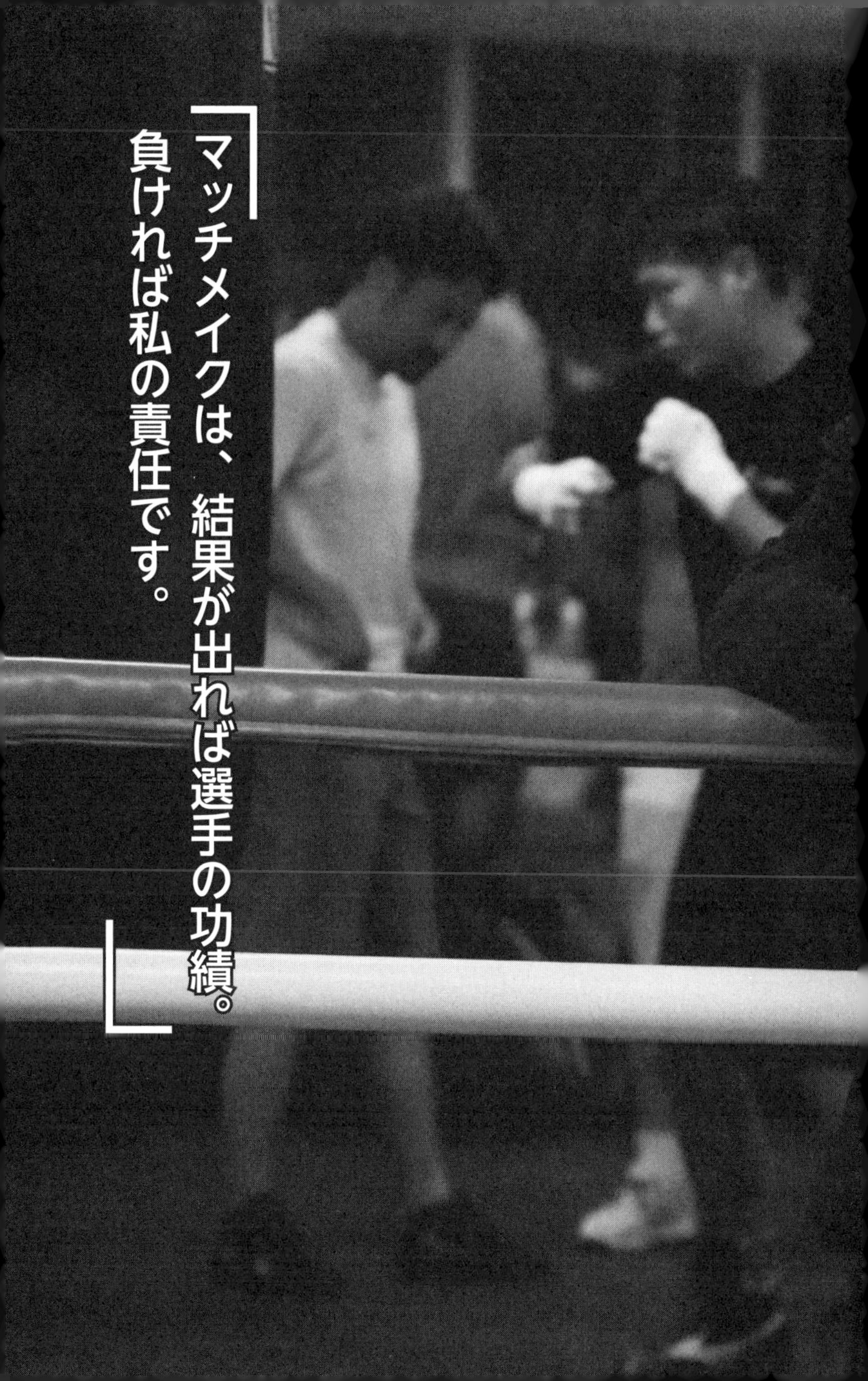
「マッチメイクは、結果が出れば選手の功績。
負ければ私の責任です。」

21世紀の名伯楽
松本好二トレーナーを獲得

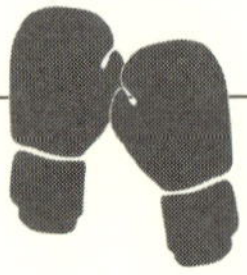

松本好二は私と同じく横浜出身。さらに横浜高校から専修大学、そしてヨネクラジムでプロという、私とまったく同じコースを歩んできた後輩です。

高校時代はインターハイ決勝で沖縄の興南《こうなん》高校の選手に負けているのも私と同じ。大学を中退してプロの道に進んだのも同じです。

自分のジムに専属トレーナーとして呼んだのは、設立5年目くらい。私は、彼にどうしても来てほしくてお願いしました。

それはカワイイ後輩だから、ではありません。

彼が持つトレーナーとしての高いポテンシャルを信じていたからです。

松本は日本フェザー級王座を3回獲得し、東洋太平洋王座も獲得。しかし不運などもあって世界のベルトには手が届かなかったというキャリアの持ち主です。

そんな松本はヨネクラ時代、チャンピオンが誕生する瞬間を数多く間近で見ていました。

私の世界戦もそうですし、〝アンタッチャブル〟川島郭志《かわしまひろし》のスーパーフライ級日本王座戦や世界戦、今では私のジムでトレーナー仲間となっている西澤《にしざわ》ヨシノリの日本ミドル級王座戦などが一例です。

私は、松本が持つこの経験が貴重だと考えていました。

タイトルマッチを幾度となくリング下で見ている。トレーナーでも選手でもない第三者の視点でタイトルマッチを見続けていたといえます。

だからトレーナーや選手の視点では気づけないところを見ている。試合前から試合後にいたるまで、タイトルマッチをパッケージとして俯瞰《ふかん》できている。

この視点や経験は、彼に比べれば私は圧倒的に不足しています。だから補ってもらえると思いました。

意外と重要なのは、試合前から試合中にいたるタイトルマッチの雰囲気を数多く知っていることです。

最初のタイトルマッチは、誰だって緊張します。周囲のスタッフも、初体験ならオタオタします。

お客さんの数も違う、リングサイドに陣取るカメラマンの人数も違う。セレモニーがあったりして、いつもの試合と進行が違う。

場合によっては、新調された入場コスチュームを身につけることもあります。

こうしたことが重なって、選手は何やら別世界の雰囲気に包まれて、いつもの試合とは勝手が違う気がして、練習の成果を出せない。そういう心理状態に陥りがちです。

周囲のスタッフも違う雰囲気にのまれて、「いつも通り」とはいかなくなります。

浮足立っているスタッフに囲まれてしまうのは、選手にとってもかわいそうな話です。

これが世界タイトル戦なら、なおさらです。

そういうときに、タイトルマッチの雰囲気を知り尽くしている松本のような存在が側にいると、一気に緊張がほぐれるのです。

浮足立ったスタッフの緊張を解いて「いつも通り」の平常運行に戻させる。選手の心理状態に応じて軽口をたたく、なども交えながら、平常心を取り戻させる。

経験が豊富だから、緊張をほぐすために取って付けたような話をする必要がなく、経験談を話すだけで十分すぎる説得力があります。

そうしてチーム全体が落ち着きを取り戻せたところで試合開始のゴングが鳴る。選手は冷静だから練習通りに動けるし、スタッフも冷静な判断力で的確な指示が出せる。

こうなれば結果は、ベストに近いほうへと転がりやすくなります。

経験を駆使してみんなを落ち着かせるというのは、第三者として数多くのタイトル戦を見てきた松本だからできる仕事です。

私が口にする選手としての経験談より、客観的な立場で見てきた松本の言葉のほうが、この場合には圧倒的に重みがあります。

その経験というのは年数が生み出すものですから、立ち上げ数年の私のジムでは積み上げられているはずがありません。そこで松本に声をかけた、ということです。

このころは、先に記したように「面白く」から「厳しく」への転換期でもありました。

そんな時期にこそ、松本のような存在がどうしても必要でした。

彼は私と似たような足跡を持つだけではなく、ヨネクライズムというか、ボクシングに対する考え方などが、私と根底で一致しています。

だから多くを語らなくとも以心伝心で選手の育成を委《ゆだ》ねられるし、そのおかげで私はマッチメイクなど、ジム経営者としての責務に心置きなく全力を注げます。

松本は私が期待したとおりの指導能力を持つ逸材でした。その手腕でジムに次々と王者を誕生させてくれました。

そんな彼を見ているから、私は技術面で、選手に直接あれこれとアドバイスをしたり注文をつけたりすることが、滅多《めった》にありません。

元世界王者のジム経営者というと、世間では、私が手取り足取り教えている場面を想像すると思いますが、そんなことはありません。

キッチリと分業して、信頼できるトレーナー陣に、選手への技術的な指導は全面的に委ねています。

「私がここまでこられたのは、
周りの力があったからこそ。
いつもそれだけは忘れません。」

ジム経営者は選手の「心」をマネジメントする

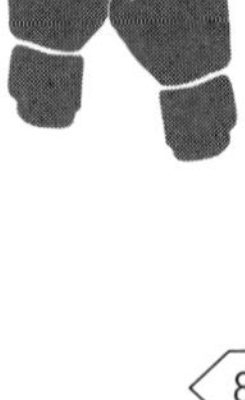

選手の技術的な指導は、松本をはじめとしたトレーナーに任せていると書きました。

それでは選手との直接的な接点はないのか？

そう思う読者もいるかもしれませんが、もちろん、そんなことはありません。

特に私が担当するのは、選手や選手を支えるチームの「心」のマネジメントです。

具体的なところでは立ち居振る舞いや言葉遣いなど。リング上で見せるパフォーマンスやコメントでの言葉選び、そういったところに神経を尖《とが》らせています。

中でも尚弥の場合は、「親子鷹《おやこだか》」という目立つトレードマークがあるので、デビュー前から細心の注意を払いました。

どの競技でもそうですが、「親子鷹」というのは、圧倒的な戦績を積み上げている間はいいものの、なんらかのほころびを見せると途端に集中砲火を浴びてしまいやすいリスクがあります。

その点を忘れないように尚弥と真吾さんには、デビュー前から特にお願いしました。尚弥のコメントが「優等生」としておとなしく物足りなく思われがちなのも、そうしたことが背景にあるからだと思います。

もっとも、尚弥はビッグマウスなどを使わずとも、圧倒的な実力を世界中から認めてもらえる存在になったので、今後も派手なパフォーマンスなどとは無縁なままという気がします。

そうはいっても間一髪という場面もありました。

2019年5月のWBSS準決勝。

その試合前、対戦相手のトレーナーが、真吾さんを執拗《しつよう》に挑発したのです。近くで聞いていた私がショックを覚えたほど、かなりエグイ暴言でした。尚弥だって怒りに拳を震わせていたと思います。

普通なら怒りで暴言を浴びせ返したり、下手をすれば殴りかかってもおかしくないような場面。本当に緊迫した空気に包まれていました。

でも、相手と同じ土俵に乗ってしまっては、すべてが水の泡です。

私は必死に説得しました。

その場は我慢してもらい、なんとか事なきを得ましたが試合後、もう一度ピンチが訪れます。

尚弥が一瞬、相手に見せつけるようにガッツポーズをしようと動いたのです。

しかし尚弥は理解していました。冷静でした。

私が声をかけなくとも、自分で自分を制して、相手の土俵に乗ることを踏みとどまってくれたのです。

やはり尚弥は大物です。ここぞというときの自制心も「モンスター」でした。

第3章

ボクシングに学んだ
普遍的な「人間力」の作り方

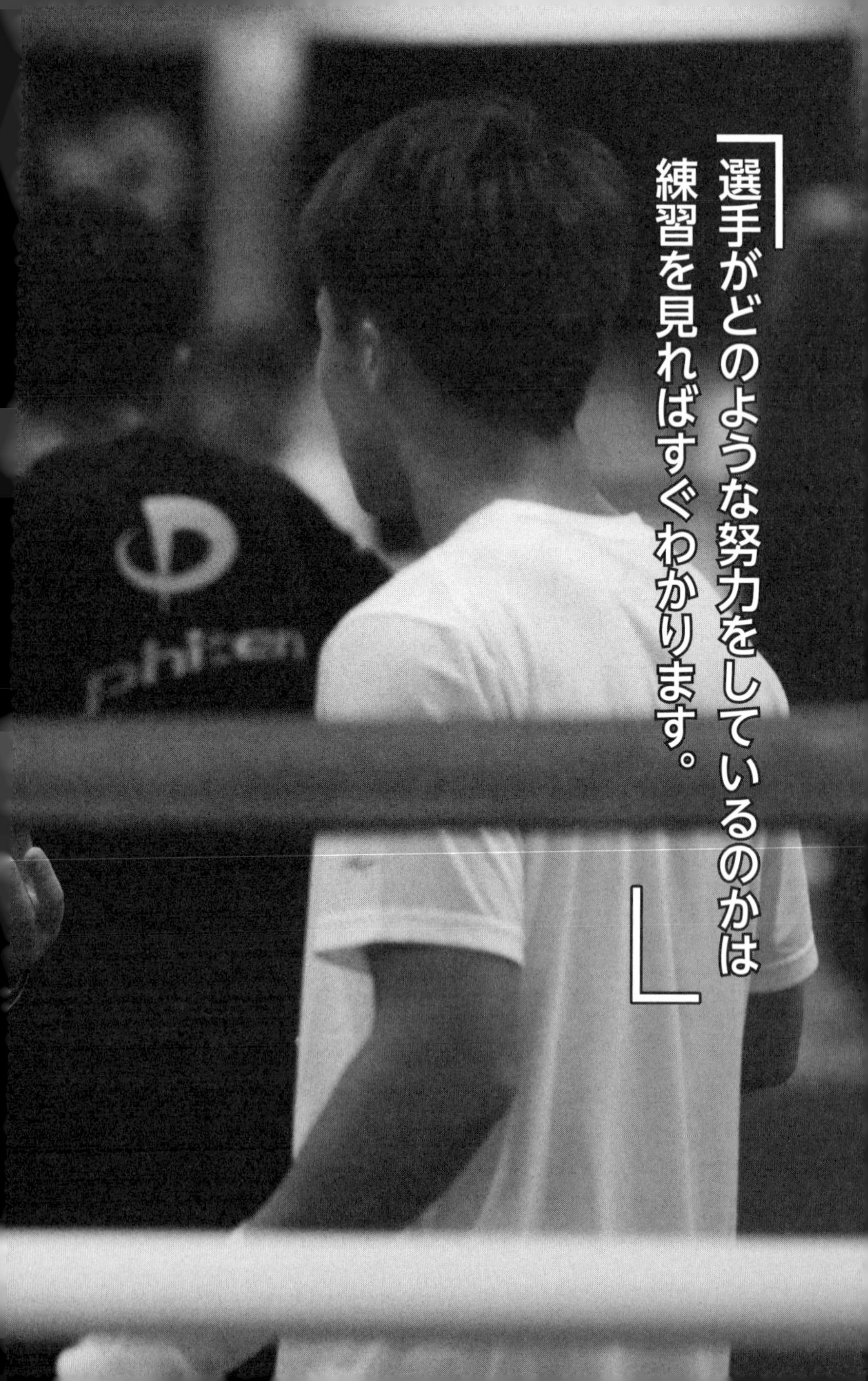

「選手がどのような努力をしているのかは
練習を見ればすぐわかります。」

「その努力を実に結ばせるために
私は力を貸したいと思っています。」

「人の話を素直に聞く」そのために相手を好きになれ！

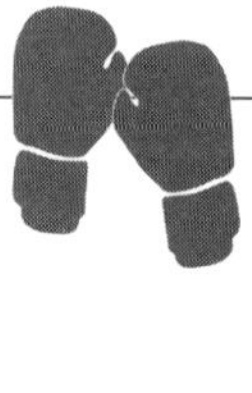

時効だと思うから書きますが、私は高校時代の監督も大学時代の監督も、在校当時はその厳しさを敬遠していました。そしてヨネクラジムの米倉会長も、入門後しばらくは言動などが、どうしても好きになれませんでした。

米倉会長は私の母と同い年。この年齢差も影響していたかもしれません。

ところがプロで初の敗北を喫した直後。負けた原因を深く見つめ直すうちに、原因は周囲にあるのではなく自分にあると気づいたのです。そこから発想がつながって、

「嫌ってばかりいて損はないだろうか？　何が嫌いなのだろうか？」

こんなことを自問自答しました。自分に素直さが欠けていることを、間接的に敗北から学んだ私はその日から、米倉会長を理屈抜きで好きになろうと決めました。

不思議なもので、自分の心ひとつで相手に対する印象は大きく変わります。私はい

つの間にか、会長のことが大好きになっていました。

米倉会長は、ちょっと天然なところがあります。周囲が「冗談でしょ？」と思っても、本人はいたって真面目だった、という笑いのエピソードがたくさんあります。

例えば会長ご夫妻と一緒にいたときのこと。

会長はご自分で車を運転します。この日も、

「車をこっちに回すから待っていてくれ」

というので、奥様と車止めで待っていました。しかし、いつまでも会長の車が見えない。奥様が自宅に電話すると、「米倉です」と会長の声。何の悪気もなく帰っていたのです。こういうエピソードが豊富なのです。

こういうとき、嫌っていた時代の自分だったら、ますます会長を疎《うと》んじるようになったでしょう。このときは、もう会長が好きになっていたので、

「会長、やっぱりお茶目だな。憎めないな」

という感じで好意的にとらえることができました。

このように心持ちだけで、同じ相手に同じことをされて自分の感じかたが180度

違ってくることを、私は経験で学びました。そこで米倉会長が好きになったと同時に私は高校や大学の恩師のことも、今更だけど好きになろうと決めました。すると当時は嫌だったエピソードが、感謝できるエピソードに塗り替えられていきました。

現役時代、米倉会長にサボりたい一心から「休みたい」と申し出たことがありました。「休んでもいいが1日の遅れは後で自分が思う以上の大きな差になるぞ」と忠告されたことがあります。

ボクシングの練習は「自己との闘い」の繰り返しです。「サボろう」と思えば簡単にサボれるし、真面目に頑張った分だけ実力は上乗せされます。どちらを選ぶかは自分自身です。毎日が自分に勝つか負けるかの真剣勝負です。

こうしたアドバイスも、自分の心しだいで受け止め方が変わるでしょう。このときの私は会長からの忠告を、自分に勝つための心のよりどころにしました。

相手のことを好きになると、相手の言葉に素直に耳を傾けやすくなります。

お互いの気持ちの周波数が重なって送受信が合致するので、相互に心が伝わりやすくなります。あとは相乗効果で、どんどん関係がよくなります。

これが重要で、自分のためになるアドバイスをストレートに受け止められるようになるということです。そうして過去に遡《さかのぼ》って反省点を見つけることや、米倉会長を通じて現状を今まで以上に客観的に見つめ直すようなことができるようになりました。

私は天狗になりやすいポジションに居続けました。

まだ高校2年生で獲ることが難しいとされていた時代に、高2でインターハイ優勝を果たしたり、プロ入りに際して米倉会長から「150年にひとりの天才」といわれたりしたことがそうです。だから素直さが欠けていたのだと思います。そこを改善できたことは、私が世界王者を獲るのに大きな役割を果たしました。プロ入り間もなく気づくことができて本当によかったと思います。

だから一般の練習生でもそうですし、特に世界を目指そうというような選手だったら一層、人の話を素直に聞くという姿勢が問われるというのが私の考えです。

多くの人は、相手のためを思ってアドバイスをしてくれます。それを素直に聞いて、自分の中でどう活かすか。その過程こそ重要だと思います。

これはボクサーではなくても、どんな社会でも同じことではないでしょうか。

命をかけるやつには自分も命をかける

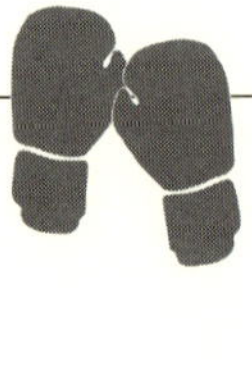

技術的な指導はトレーナーに一任している私ですが、プロ選手たちのスパーリングは必ず近くで見ます。

普段の練習ぶりを見ていなくても、スパーリングでの動きを見れば、その様子が透けて見えるからです。

例えば、

「毎日ロードワークしています！」

といっている割には、その成果がまったく見えない足運びを見せる選手がいるとします。これはヒザのスプリングが利《き》いているかどうか、フットワークを見ればわかってしまいます。

基本的にスパーリングの強さは実戦の強さと深く関係しています。

スパーで弱い選手は試合でも勝てません。川嶋勝重だけが例外でしたが、このことは第4章で詳述します。

スパーでの強さを支えるのが、日ごろの継続したトレーニングです。日ごろの継続した練習が本物だと感じれば、その選手にはチャンスを与えようと考えるようになります。

できるだけ公平に選手に接しようとは思いますが、そこはシビアです。私の考えかたは単純で、

「命をかけて取り組んでいる選手には自分も命をかける。適当に流している選手に対しては、こちらも適当に流す」

というものです。

心の色は自分にしかわかりません。口で何かを発しているとして、心も言葉と同じかといえば、そうではないこともあります。

スパーリングは、ある部分では本当の自分の心をリングに映し出している時間帯、ともいえるかもしれません。

「スパーを見る私の表情が普段と違いすぎることに
はじめて見た人が驚くことも。」

私が指導者向きではないと自覚している理由

私は自分が現役時代に得意としていたカウンター戦法を、「楽な戦い方」だと説明します。しかし、これが、私が指導者向きではない最大の特徴といえます。最近も、

「カウンターって難しくないですか?」

と質問されることがありました。私は即答で、

「あんなの簡単だよ」

と答えてしまったのですが、ちょっと考えたら「?・?・?」です。

相手は難しいと思っている。私は簡単だと思っている。

その差はなんだろうと考えたとき、「簡単」と即答してしまう私の能力不足を痛感させられるのです。質問してきた人は、

「最初に相手のパンチを避けないといけない分、パンチをもらう可能性があるし、先

にパンチを打てばワンアクションだし打たれる危険もないのに、待って返すとなるとツーアクションで必要な動作も多い」

こんな理由で「カウンターは難しい」と考えていました。

一方で私が簡単と考えた理由は、

「自分がそれで何の問題もなく戦ってきたから」

というもの。よく考えれば説明になっていません。

コミュニケーションは相手との温度差を測りながらするものでもあるので、これだと温度差が平行線のままになってしまいます。

そういうことが無意識のうちにわかっていたから、私は技術的な指導をトレーナーに一任しているのかもしれません。

私にとっての必勝法はカウンターとボディでした。

そのうちカウンターは、第6章で改めて説明しますが、幼少期に兄の相手をしたことによって基礎ができていたと思います。

そしてボディも、ずっと忘れていましたが、兄の影響があります。

兄も元プロボクサーで、その昔、WBCバンタム級王座を8連続防衛したルペ・ピントールというメキシコの強豪とスパーリングで対戦した経験を持ちます。

その兄が衝撃を受けたテクニックこそ、アッパーでのボディ打ちでした。

ピントールのそれは拳の軌道が独特で、左ボディが体の斜め後ろから打ち込まれるイメージ。やや下方からフックのように回ってくるので、拳の人差し指側ではなく小指側から自分の体にめり込んでくるようなパンチです。

私が高校のときに兄から教えられ、練習といっても聞いた内容を真似するような独学でしたが、それでもインターハイに出場するころには、練習相手をしてくれる後輩がコロコロ倒れるようなレベルに仕上がっていました。

これをさらに磨いて、自分では「ショベルカーのイメージ」と説明していますが、力強く突き上げるようなアッパーが完成しました。これをボディに打ち込むのです。

私がプロデビューした当時はボディで勝つという試合結果は少なかったと思います。

私も3戦目の倉持正《くらもちただし》選手との試合が、ボディによる初勝利だったと記憶しています。

相手のテクニックを自分のものにしようということもありました。

もっとも印象深いのは、１９９０年10月の、私がＷＢＣ世界ミニマム級王座を陥落することになったリカルド・ロペスとの試合です。

彼が繰り出すフェイントは本当に巧みで、ちょっと体を動かしただけ、あるいは動かずとも雰囲気だけで、パンチが飛んでくると錯覚させるものでした。

それも試合序盤に相手の動きのクセを見つけて、それを効果的に逆利用するフェイントです。

当時の私は、トレーナーの松本清司《まつもとせいじ》先生から、

「お前はパリングが大きい。ディフェンスにスキが生まれるから直せ」

と常々、注意されていました。

パリングとは相手のパンチを腕の回転で払い落とす防御のことですが、この腕の振りが大きいため、ガードの位置に戻るまでの時間差が生じ、ディフェンスに穴が開く時間があったのです。

そのウィークポイントを、ロペスは巧みにフェイントで突いてきました。パンチがくると思った。反射的にパリング。パンチが来ない。ガードが開く。パンチを打ち込まれる……。

ここのタイミングで来たか！　という絶妙のクリーンヒットです。目の前はテレビの砂嵐の画面です。

私は敗戦から学ぶのが得意です。このときもそうです。

「あのフェイント、使えるな……」

それからはフェイント技術、特にロペスのテクニックの研究です。

自分がどうやってフェイントに引っ掛かったのか。どのように引っ掛けられていたのか。さまざまな視点でロペスの動きを研究します。

そしてしだいに、自分のフェイント技術も向上させることができました。それが後に、ＷＢＡ世界ミニマム級王座奪取につながります。

敗戦から学んだおかげで私は、同一階級2団体制覇ができたのです。

「勝つためには「理由」があります。
その理由探しは常にやらなければ
上には行けないものです。」

後の世界王者が教えてくれた何気ない言葉の重要性

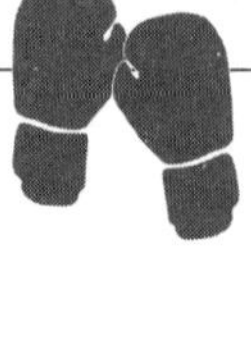

１９９０年２月７日。この日は私が最初の世界王座獲得を果たしたメモリアルデーです。

世界挑戦を前に調整を続けていた私を、その運命の日の２週間前に韓国の選手と戦って引き分けたばかりの若手プロボクサーが自らすすんでサポートしてくれていました。自発的にカバン持ちをしてくれていたその若手ボクサーは、ジムの後輩で後に世界王者となる川島郭志です。

試合10日前には、彼を伴って恵比寿にバスで移動。そこで練習することがありました。そのとき、たまたま自分を知るボクシングファンが駆け寄ってきて握手を求められました。それを見た川島が、

「10日後には、みんながこうなるんですね」

ちょっとその気になりました。

そして世界戦当日。会場入りを前に川島が、

「2時間後には世界チャンピオンですね」

この言葉に私は発奮させられました。

これらは、本人としては何気なく励まそうとかけてくれた言葉かもしれませんが、私にとっては大きな勇気を与えてくれる言葉でした。

いわれ続けると本当にそうだと錯覚するようになるのです。

そうして励まされ続けたおかげで世界王者になるイメージが明確になり、絶対に勝つぞという気持ちが自分の中で盛り上がっていきました。

このときは国内ジム所属選手が世界戦で21連敗中。私自身が世界戦で2連敗をしていたこともあり、世の中の期待度は決して高くなかったはずです。

それを私はラッキーだと思いました。チャンスだと思いました。

勝てないかも、と思われている試合で勝てばインパクトが大きいし、負けたとしても人のうわさは75日。騒がれても2～3カ月でおさまるから、その間だけ辛抱すれば

いい。そう考えていました。

それに自分が連敗を止めたとなれば、一気に救世主扱いされます。これは一挙両得《いっきょりょうとく》でおいしい。そんなことを考えていました。

いろいろなことが重なって準備もモチベーションも万全。

そして実際に世界を獲ったら、自分の周囲の世界が変わりました。

負けた場合のお出迎えは兄がしてくれる予定だったのですが、勝利したらテレビ局から差し向けられた黒塗りのハイヤーがお出迎えです。それだけでも気分がいいのに、テレビ局から別のテレビ局へニュース番組出演のはしご。

翌日、一夜明けて会見に向かえば、横浜駅で握手攻めにあってパニック状態。おまけに冬なのにジムのジャージ姿で出てきてしまい、寒いな、と思っていたら、駅に集まっていたマスコミのみなさんがカンパでお金を出し合って、近所にある高島屋でオシャレな革ジャンを買ってプレゼントしてくれました。

会見終了後は首相官邸に招待され、当時の海部俊樹《かいふとしき》首相と会いました。その場でご自分がつけているネクタイピンをいただいたことも驚きました。

これらはみな、自分が世界王者になったから起きたことです。

言葉の重要性でいえば、私は、

「不満大敵《ふまんたいてき》」

だと考えています。これは日ごろから自分自身でも気をつけていることです。

不満や愚痴というのは、知らないうちに周囲の心を乱します。

いわれ続けるとその気になって錯覚するのと同じで、その悪いバージョンともいえます。そんなことを思っていなくても、周囲から聞かされ続けるうちに、自分も聞かされている不満や愚痴を共有してしまうのです。

これがジムの中で起きるとどうなるか。

士気が下がって練習に身が入らなくなり、みんなそろって前より弱くなります。

ひとりだけ弱くなるのではなく、全体が弱くなります。

そう思うから現役時代の私は、後輩ボクサーに、

「思うだけなら自由だけど、会長への不満や愚痴は口に出すな」

と常々いって聞かせていました。

フロンティア精神と後進を育成する視点

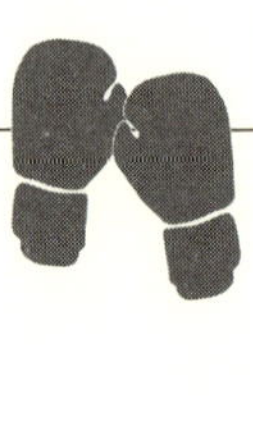

私の基本的な考えは「自分にできることをする」です。

そして、

「道がないところにはレールを敷《し》く」

と考えています。これはやりがいを感じます。

現在の尚弥は、アメリカでも求められる存在になっています。こういう存在がひとり生まれたという事実が大切です。

開拓してあれば後進は自然と続きます。ひとりがその世界に行くと、みんなが行けると思えるようになります。

かつて野球の野茂《のも》英雄《ひでお》投手がアメリカのメジャーリーグに渡ったとき、日本中の眼は彼が活躍できるかどうかについて半信半疑だったと思います。ところが野茂投手は結果を出した。これに勇気づけられてメジャー行きを考えるようになった選手は多かったと思います。後にイチロー選手が野手としても日本人は活躍できることを証明して、野手のメジャー移籍も次々と実現しました。

これはどの世界も同じです。

ひとりでもヒーローが誕生すれば、その存在に憧れたり勇気づけられたりします。その存在に近づこうと思う後進が出てきます。

今の尚弥は子どもたちにとっての仮面ライダーです。ウルトラマンです。プロボクシングの世界でヒーローとは世界チャンピオンです。

そして「後に続きたい」と夢を抱《いだ》く子どもが増えるなら、その受け皿がないといけません。

私が「キッズ」部門に注力しているのは、それが理由です。可能な限り安全に配慮しつつ、できるだけ小さいときからボクシングに触れてもらう。魅力を知ってもらう。

仮に選手としての道を歩まなくても、長くファンとしていてくれるはずです。

ファン層の拡大も、ヒーローを支える土台です。

キッズに限らず女子部門の門戸開放に積極的なのも、プロアマ交流に積極的なのも、すべてはボクシング界の未来のため。

大橋ジムが輩出した世界王者の中に、女性の宮尾綾香《みやおあやか》がいるのは、そういう流れがあってのことでした。

宮尾が世界王者になった前後は、女子ボクシング界の図式が再編成されているときでもありました。

日本には1990年代末から、女子王者を認定する組織がありました。しかし世界的なボクシングの統括組織で女子王者も認定しているWBAとWBCの両団体から、日本国内でも女子王者を認めるようにとの通達があり、男子のみを管轄していたJBC（日本ボクシングコミッション）が女子部門も統括することになったのです。

そこで宮尾はJBCのプロライセンスを取得し直し、改めてWBAやWBCの女子世界王座を目指すことになりました。

そのタイミングで2008年、大橋ジムの一員として加わったのです。私がつけたキャッチフレーズは、

「ボクシング界の上戸彩《うえとあや》」

でした。

そして2012年。宮尾はWBA世界女子ライトミニマム級王者に輝くのです。

ボクシング界が繁栄すればこその自分のジムの繁栄ですし、ボクシングという競技には、次々と新しい世代でファンを開拓できる存在であってほしい。それが私の願いです。

だから大橋ジムには、子どもも大人も、男性も女性も練習に来ます。練習に訪れる理由はさまざまです。健康のためと思って練習を始めたら、いつの間にかプロを目指すようになっていた、という人もいます。

70歳を過ぎてボクシングを始め、80歳でシニアチャンピオンになった人もいます。生涯学習ならぬ生涯スポーツとしてのポテンシャルも、ボクシングは秘めています。

練習へのモチベーションを維持するための仕組みとして、私は年齢や性別に応じたトーナメントを開催しています。実際にパンチを打ち合うのはスパーすらイヤという人もいますが、試合という場で成果を確認したいと思う人は、やはり一定以上の人数がいるからです。

練習は、自分に打ち勝つ癖をつける毎日の繰り返しです。自分との戦いです。これは日常でも会社勤めでもあると思います。

だから表現は古いかもしれませんが、何をするにせよ継続しようという気持ち、その源泉となる「根性」は大事じゃないかと思います。

第4章

【川嶋勝重のケース】
才能を見つけて伸ばすための「原石」マネジメント

「多くの選手が光るように
私も一歩一歩進んでいます。」

本当に「ゼロ」からのスタート「光るもの」はなかったけれど

私のジム最初の世界王者となった川嶋勝重は、入門当時は「その他大勢」のひとりにすぎないといってもいいほど、突出した何かがある選手ではありませんでした。それも当然で、彼はすでに20歳を回っていたにもかかわらず、ボクシング未経験者だったからです。

普通に考えたらプロを目指そうなどというより、「健康のため体力づくりのため」といった理由から入門してくる割合が高くなる年齢です。

「未経験のサラリーマンです」

と告げられたら多くのジムでは、そういう理由で入門したいのだろうな、と思うはずです。それが「プロになりたい」というのですから驚きました。

彼にあったスポーツ経験は野球でした。これを最大限に活かしてボクサーとして大成した……というシナリオならドラマや映画になりそうですが、彼は違いました。

本当に「ゼロ」からのスタートで、練習を続けて何が生み出されるのか、誰にも見当がつかないという状況です。

だから後年、私は当時の川嶋を評して、

「何も光るものがない」

と発言したこともありました。これは率直な当時の感想です。

しかし、20歳を過ぎてプロボクサーになろうというくらいですから、根性だけは本物でした。

練習はいたって真面目《まじめ》。いわれていないことまで率先してしようとするところがありました。

例えばロードワーク。合同練習のような形で選手が一丸となってロードワークに出るということがあると、彼は呼ばれてもいないのについていきました。

ところがボクシングに必要とされるスタミナをつけるトレーニングはしてきていな

いので、最初のうちは周囲にとって完全に足手まといだったと思います。それでも黙々と、自分自身に課した課題をクリアしていこうという強い意志で、来る日も来る日も練習を続けていました。

サンドバッグ打ちをはじめれば3分間、黙々と力を抜かずに叩き続けていました。3分も丸々サンドバッグ打ちをするとなると、途中で疲れてしまいます。そこで普通なら力を抜く瞬間を自分なりに挟んでいきます。それは手抜きではなく練習メニューをこなしていくうえでの知恵です。

ところが川嶋は、その抜く瞬間を作らない。フルに3分間、叩き続けるのです。こうすることに使うスタミナは、未経験者の想像をはるかに超えた量です。息が上がるなどという言葉では表わせない疲労が一気に蓄積します。

おかげでジャブは最初から目を見張るものを身につけていました。

こうして「光るものがない」存在ながら、

「もしかしたら光るところが少しはあるかも」

と思わせられるようになっていった川嶋ですが、やはり未経験からの遅い出発というハンデはあります。

練習生としての存在感は日に日に増していったものの、いざ「プロボクサーに」となると、まだまだ道のりが遠い。

そう感じさせる選手でした。

私としては、できるだけ早い段階で現実を知って、サラリーマン社会に戻るほうがいいだろうという気持ちもあったのですが、本人のやる気を無視するわけにもいきません。

練習には毎日、顔を出すし、つらくてもメニューはこなしている。

少しずつではあっても技術的な上達も見られる。

それに表情も輝いているし、これは本人の気が済むまでは練習させよう……。

そのくらいの思いしかなかったように思います。

プロテストなんて受けさせられない！業界の常識を超えた川嶋の「弱さ」

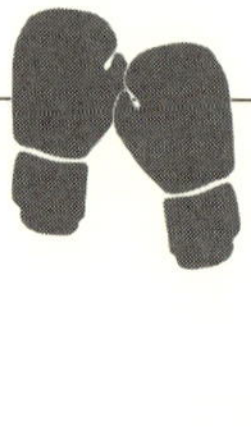

プロを目指して練習に励む川嶋でしたが、私はなかなか彼に対して「プロへのキップ」を渡す気になれませんでした。

実際に川嶋のプロテスト受験を、私は2回にわたってストップしています。

その理由はひとつ。

彼にスパーリングをさせると、徹底的に弱かったからです。

プロデビュー間もない4回戦ボーイ。本来ならそこまで大きく川嶋との実力差が開いているはずがない選手です。

それでもスパーの相手をさせたら、途中で過呼吸を起こして倒れてしまうのです。

実戦なら相手のパンチをもらわずとも勝手に倒れてしまう。そんな状態です。

この状態を見せられたら、さすがに誰もが受験を認めないと思います。

スパーで見せる「弱さ」は、本人が一番よくわかっていたと思います。だから、「長くは続かないだろう」

と思っていました。近いうちに音を上げて辞めるだろうと思っていました。

ところが、そんな「醜態」をさらしたあとも練習を休まない。

後日談になってしまいますが、川嶋のスパーリングでの「負け癖」は、プロテスト受験前後だけではありませんでした。本当にスパー向きではない選手でした。

どれだけ弱かったかといえば、

「さすがの川嶋でも、この相手なら大丈夫だろう」

と思って慎重に選び抜いて来てもらったスパーリング相手に、いつもボコボコにされる。これが恒例でした。そんな感じだからスパーをさせるたびに、私の心は不安でいっぱいになっていました。

プロになりたい。ベルトを目指したい。その決意が揺らがない川嶋。

さすがの私も根負けして、ストレートに認めることはしませんでしたが、ひとつの課題をクリアしたら受験させると約束してしまいました。

当時の川嶋にとっては「ムチャぶり」だったと思います。

「アマチュアの試合で勝利したらテストを受けさせる」

勝手に倒れて負けるような姿を見せる可能性が高い選手です。だから川嶋にとってはハードルが高い試練だったはずです。

ここで川嶋は運の強さを見せます。

何と試合前日の計量会場に相手が姿を見せなかったのです。

そして当日。明らかに調整不足の相手をKOしましたが、それでも勝ちは勝ち。

彼の執念が実ったといえる状況です。こういうこともあるものだと私も感心して、川嶋のプロテスト受験を認めました。

すると川嶋は、無事にプロテストに合格しただけではなく、その年度（1997年）の東日本ジュニアバンタム（現スーパーフライ）級新人王にまでなってしまいました。

「スパーで弱い選手は試合でも弱い」

これは私の経験則で、今でもスパーと実戦の関係性を見る原則論として考え方の基礎に置いています。たぶん業界の共通認識でもあると思うのですが、その法則に当てはまらなかったのが川嶋勝重なのです。

川嶋は、本番にとてつもなく強いタイプだったのです。

これは、実際に本番を迎えなければ発見できない長所でした。

しかし、こういう例外があることを知ったおかげで、何がなんでも原則に従うという考えから逃れることができました。

相手の長所はどこにあるかわからない。どこに隠れているかわからない。

そんなことを教えてくれたのが、川嶋というボクサーです。

川嶋は全日本新人王こそ逃しましたが、立派なプロ1年目だったといえます。

「日本が限界？」を覆して「世界を目指す」選手に！

プロとしてのキャリアを順調に滑り出した川嶋でしたが、私は11戦目まで日本のジム所属選手以外と戦わせたことがありません。

本気で世界を目指そうという選手を相手にするなら、早い段階から海外選手と戦わせてさまざまな国のさまざまなスタイルのボクシングを経験させます。

しかし川嶋に対して、私はその方針を採りませんでした。

その理由は単純です。

10戦して1敗しかしていない川嶋でしたが、プロボクサーのライセンスはB級。6回戦までしか出場資格がなく、11戦目というのがB級ライセンスのバンタム級トーナメント決勝だったからです。

「よくても日本タイトルを獲れるか獲れないかだろうな……」

彼を指導していた松本トレーナーと私の、これが一致した意見でもありました。

そういうこともあり、実力的に一足飛《いっそくと》びのような相手を迎えるマッチメイクではなく、地道に堅実にキャリアを重ねていくような試合を組んでいました。そして日本王座に挑戦できるチャンスが巡ってきたら、そのときに対処を考えよう……。

広く世界を見るようなキャリアの積み方は、彼のような遅咲きボクサーには不要と考えたのです。

11戦目のバンタム級トーナメントで優勝を決めた彼に、その次の試合からは海外選手とのマッチメイクをはじめました。

あわよくば日本王座を。そのための準備ともいえます。

ところが19戦目で挑戦した東洋太平洋バンタム級王者には敗戦。

「やはり、よくて日本が限界か……」

そんなふうにも思いました。

それから1年4カ月後の2002年4月。

彼は日本スーパーフライ級タイトルマッチに挑みます。相手は同じ千葉県出身の佐々木真吾《ささきしんご》選手。プロ23戦目でした。

血のにじむような努力を積み重ねてきている姿を見ていたからこそ、何とかしてチャンスを与えたいと思っていたこともあります。

すると川嶋は、本番に強い自分らしさを発揮して、判定勝ちながら日本王者に就いてしまいました。

私としては上出来でした。

「日本を獲れるかどうか」

という選手が、隠れた最終目標ともいえるような日本王座を獲ってしまったからです。チャンスをものにした川嶋の「本番に強い」メンタルも大したものでした。

この結果によって本人にも私にも、次なる欲が芽生えました。

「これで一気に、世界挑戦も視野に入ってきた」

そう思えたのです。

こうして迎えた2003年6月。

当時〝絶対王者〟として君臨していたＷＢＣ世界スーパーフライ級チャンピオンの徳山昌守《とくやままさもり》選手に挑戦するチャンスが巡ってきました。

マッチメイクを決められた瞬間から、

「ジム初の世界王者誕生なるか！」

そんな期待感が膨らみました。

しかし判定まで持ち込みはしたものの、完敗といえる内容で夢は潰《つい》えました。

とはいっても得るものもありました。

試合内容を分析した結果、攻略の糸口が少しは見えてきたからです。

負けても絶対にただでは起きない。それが私の真骨頂です。

ジム経営者としても得るものがありました。

興行形態などで学ぶべきポイントが多く、それが後の主催興行に活かされています。

私は再戦の機会をうかがいました。川嶋本人もその気です。

そして１年後。念願の再戦が決まります。

敗戦を「武器」に変えて自分もリニューアルして獲った「世界」

２００４年6月28日に、川嶋は徳山選手と再戦することが決まりました。

私は記者会見で、

「チャンピオンの弱点を３つ見つけた」

「１ラウンドでＫＯする」

こう宣言しました。

徳山という選手は本当に完成度が高くてスキがなく、〝絶対王者〟として君臨していたことが納得できる実力者です。

だから本当は3つも弱点があるはずはないのですが、選手の後方支援というか、徳山選手とその陣営に精神的な揺さぶりをかける意味合いも込めて、あえて発言しました。実際に戦うのは選手です。マッチメイクを決めた後の私にできることは、こういったサポートがメインとなります。

会見後に徳山選手の耳元で、

「あれは盛り上げるための大口だから。ゴメンな」

と語りかけました。すると徳山選手は、

「そういってもらえると救われます」

と安心したような表情を見せました。少なくとも私には、そう見えました。

この瞬間、私は、

「揺さぶりの効果があった！」

と感じました。今の川嶋に何かプラスをしないと勝ち目がないと考えていた私は、そのプラスするもののひとつとして心理作戦を選んでいた、ということです。

実際に私たちチームが見つけた相手の癖を基に、川嶋に授けた戦術的なアドバイスはひとつだけでした。

「1発目は当たる、次は当たらない」

というものです。

私たちの分析では、徳山選手の連打は、1発目が強烈だがその後は威力が落ちる、というものでした。1発目をかわすことができればダメージの蓄積は最小限で済む。初戦の敗北から得た大きなヒントが、この着想をもたらしてくれました。

チャンピオンは屈指の強打者。しかし川嶋は、単発では倒れなかったのです。

負けから学ぶというのは、こういうことだと思います。

同時に相手の1発目をかわした先も考えました。それは、

「かわした直後の1発目で強烈なパンチを入れる」

というプランです。

そうすれば打ち合いでもカウンターでも、その1発目を当てることができれば倒せる可能性がある……。

この作戦を川嶋は受け入れました。

パンチへの力の入れ具合で見れば相手と同じスタイルでパンチを打つということです。そして、いかに1発目に力を入れるかという連打の練習を続けました。

しかしこの戦い方は、それまでの川嶋のスタイルとは違います。川嶋は均等な力の入り具合で連打を畳みかけるタイプでした。

スタイルを変えるのですから、並の努力で身につけられるものではありません。

それでも真面目で努力一筋だった川嶋にならできると考えたところもあります。

私や川嶋が、この作戦にかけたのは別の理由もあります。

「正面からまともにぶつかっても勝てない」

初戦の敗北で、その現実を思い知ったからです。

視点を裏返せば、まともではないぶつかり方を考えられれば、それを実行できれば勝機が見える。そこに賭けました。

相手からすれば、1発目が重いという川嶋の連打は想定外のはずです。一撃で倒せなかったとしても、相手を惑わすには十分です。

ひと目ではわからないような奇襲。それがこの作戦でした。

どんな状況でも、右からでも左からでも重い1発目が打てるようトレーニングしました。それを当てられたら得意の連打につなぐ。その動きを徹底的に体に覚え込ませます。それには反復練習しかありません。極限状態でも作戦通りに反射的に体が動いてくれるよう、サンドバッグ打ちも異常といえる30分です。

しかし、合宿もスパーも思い通りにいきません。

実は対徳山初戦の2週間前に川嶋は、痛み止めも効かないほど腰を痛めて私たちをドキドキさせていました。

何より舞台は世界戦。治療法として効果があると思えば　オカルト療法だろうと怪しげな魔術師だろうとなんでもすがりました。それだけ私を含むスタッフのメンタルも追い詰められていましたが効果がありません。そしてある気功師と出会います。

これが「当たり」でした。治療を受けたらケロリと痛みが取れたのです。

そんな綱渡りの記憶が鮮明な対徳山2戦目。試合前に今度はわき腹を痛めたのです。前回と違って万全の態勢で挑めると思っていた私たちにとって大ショックです。ジム総出で初の世界王者誕生を後押ししてきた1年間。それが無になろうかという状況です。

私もそうでした。関係する全員がカチンとくるような事態でした。そして運命がどっちに転ぶかという瞬間が訪れます。

「ジムが初めて手にした世界ベルトは
川嶋のWBC世界スーパーフライ級王座でした。」

言葉を口にする前に一呼吸……「お前なら世界を獲れる！」

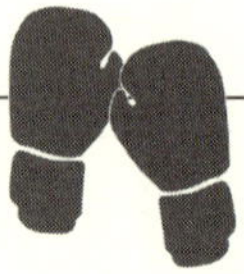

私に限らずスタッフもピリピリと緊張感が高まっているタイミングで川嶋の身に起きた、まさかの「故障」というアクシデント。

自分のみならず周囲の努力まで無にしかねない重大事件です。

私もジム初の世界王者誕生を目前にして気が高ぶっていました。

そして、

「お前に世界なんか獲れない！」

こんな言葉が、私のノドまで出かかりました。

しかし一方で私は当時、言葉遣いや言葉選びには特に慎重であろうとしていました。

それが幸いしました。

先ほどの言葉が頭をよぎった瞬間に一呼吸置くことができた私が川嶋にかけた言葉

は、

「お前なら世界を獲れる！」

でした。

後に川嶋は、

「あの会長の言葉があったから励みになった。頑張れた。おかげで世界王者になれました」

と感謝してくれましたが、私の心の中は危機一髪でした。

出かかっていた言葉がそのまま投げつけられていたら、おそらく川嶋は負けていたでしょう。ジム初の世界王者は誕生せず、もしかしたら今にいたるまで世界王者が輩出できないままでいた可能性もあります。

それを考えると、川嶋の人生にとっても、ジムにとっても私にとっても、あの場は大きなターニングポイントでした。

試合前の控え室はピーンと張りつめた空気に包まれ、川嶋は今までにないほどの近寄りがたいオーラを放っていました。

そして試合は1ラウンドTKO勝ち。奇《く》しくも私が会見で放ったビッグマウスが現実となりました。

このことがあって私は一層、言葉遣いや言葉選びに気を配るようになりました。これもあの一戦で学んだことのひとつです。

川嶋から学んだ大きなことは、もうひとつあります。

それは、

「一度決めたらやり抜く力」

です。彼の初志貫徹ぶりは見事でした。そのハートは驚異的な強さでした。

それがなければ世界王座にまでたどり着けなかったでしょう。

「やり抜く力」があったからこそ、何があっても練習を怠らず、諦めることもなかった。だから私もチャンスを与えようと思えたし、川嶋はチャンスを活かすための努力もしたのです。

後々のことになりますが、彼の努力を続ける姿勢や、本番に強いセンスなどを見て

いて、

「小さいときに始めていたら、どう育っていたか……」

そんな想像を何度もしたことがあります。

どんな競技でもそうだと思いますが、やはりより早いうちから競技に親しんでいたほうが、テクニックが身につきます。反復練習する時間の長さに比例して技術は身につくからです。

これをする時間を持たないまま入ってきて、不屈の努力でそのハンデを埋めてしまったのが川嶋でした。だからハンデ無しだったらどうなっていたんだろう、ということも、ふと考えてしまうのです。

そんなことを思わせるほど、川嶋の成長スピードと伸びしろは目を見張るものでした。「光るものがない」存在が「自ら光った」のですから。

20代で本格的にボクシングを始めて世界王者になったのは、たしか日本では輪島功《わじまこう》一《いち》さんと川嶋の2人だけです。

この事実を見ても、川嶋の世界奪取がいかに奇跡的な出来事だったかがわかります。

「努力している人間に「世界」を見せてあげたい。」

第5章

【八重樫東のケース】
ポテンシャルを引き出して輝かせる「金の卵」マネジメント

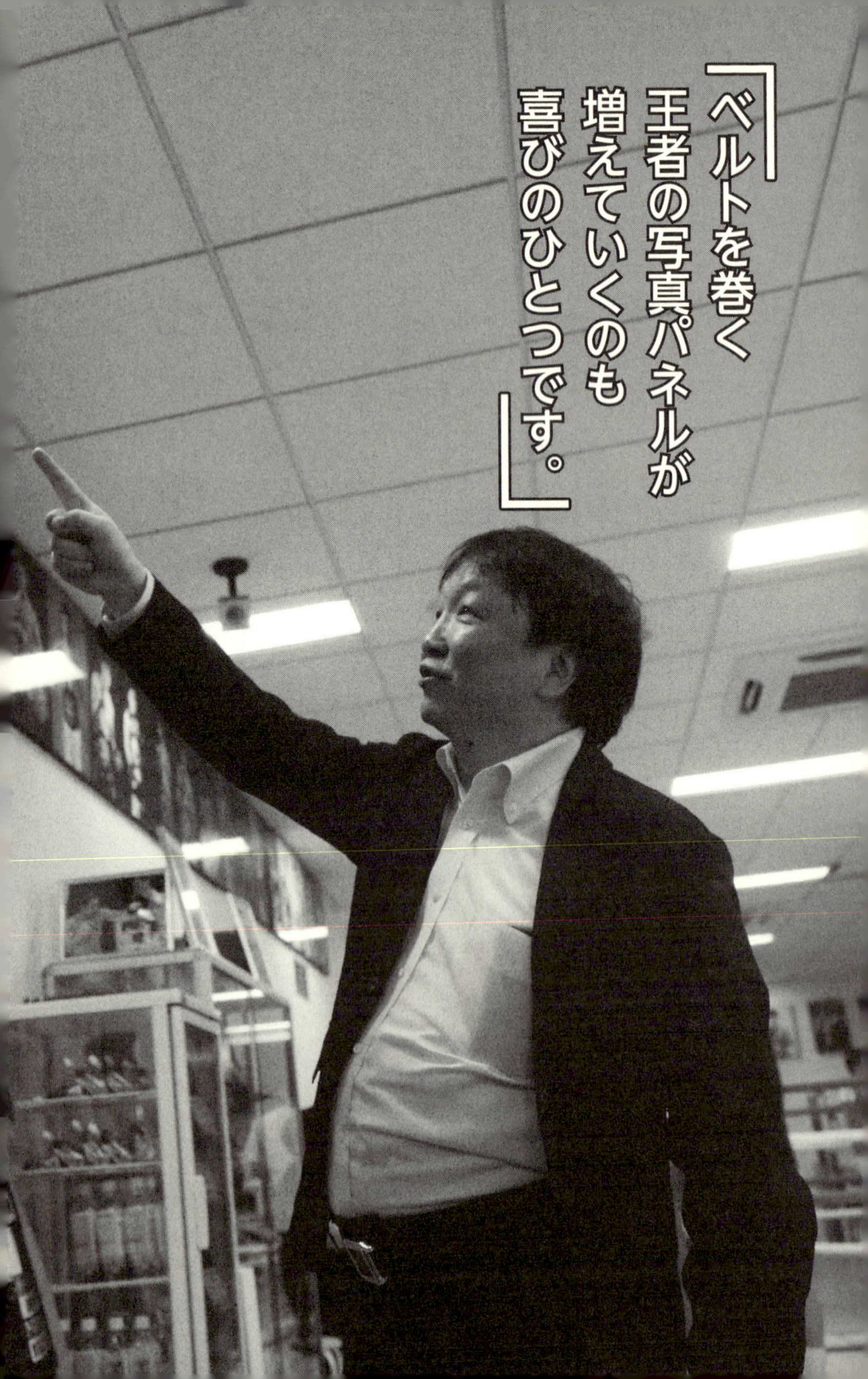

「ベルトを巻く王者の写真パネルが増えていくのも喜びのひとつです。」

SAVAS
SOY PROTEIN
100
SAVAS
AQUA
大橋
会員募集!
ボクシングジム
後援会
SAVAS
入門・中級・上級編
5,830円(税込)
DVD
5,280円(税込)
U-15
はじめよう!
SAVAS

やる気がなさそうなのに……アマ時代の実績を裏付けるデビュー後の快進撃

高校時代にインターハイで、大学時代に国体で優勝した経験を持つ八重樫東。

私と似たようなアマキャリアを積んでいた彼は、ゼロからのスタートだった川嶋と違って、

「自分と重ねてみることができる」

これがしやすい選手でした。だから川嶋のときと比べて育成の方向性などさまざまな面について、予想や計算がしやすかったといえます。

しかし八重樫は入門からしばらく、

「こちらも適当に流す」

に当てはまるボクサーでした。

アマチュア時代の輝かしい実績があるにもかかわらず、練習に身が入っているよう

に見えず、強くなりたいという強烈な意志も感じなかったからです。

もしかしたら私の高校や大学時代と同じく「天狗」になっていたのかもしれません。第6章で詳述しますが、アマチュア時代からプロ入り直後の私は「天狗」になることが多く、そのたびに指導者からお灸《きゅう》を据えられていました。

違っていたのは、私が周囲にわかるほど明確に「日本一」「世界一」「世界王者」を目指していたことです。だから歴代の指導者も口うるさく注意してくれたのかもしれません。

その明確な目的意識が、八重樫には希薄なように思えました。しかし、練習で見せる技術は本物で、上を目指せる逸材であることには変わりません。

八重樫は大学卒業と同時に入門してすぐにプロデビューし、プロ5戦目で東洋太平洋ミニマム級チャンピオンに輝きました。

やる気を感じるかどうかは別として、このくらいのハードルなら、八重樫には軽く越えられると思ってのマッチメイクでした。

当時の私はアマチュア時代の実績を根拠に、

「日本最速（当時）の7戦目で世界王者にする」

と宣言していました。

八重樫は、それを実現するためのステップを順調に上っていきます。

そして実際に7戦目で世界戦をマッチメイクすると、とんでもない事態が起きてしまいました。試合は2007年6月でした。

相手はWBC世界ミニマム級王者のイーグル京和《きょうわ》選手。たしかに難敵ですが八重樫がまるで太刀打ちできないとは思いませんでした。

ところが試合序盤の2回に偶然のバッティングを受けた八重樫は、その衝撃でアゴを2カ所も骨折してしまいます。

しかし、パッと見では骨折しているように思えませんでした。アゴが外れている、そう感じました。アゴが外れるというのなら、そんなに珍しい症状ではありません。

八重樫が痛みに耐え抜くど根性の持ち主でポーカーフェイスでもある、というのが、このときには裏目に出ました。骨折しているような痛がり方をしていないのです。だから、ますます本当の症状に気づきにくかったのかもしれません。今から思えば大いなる不覚です。

マウスピースもうまく噛《か》むことができず、気を抜くと口から滑り落ちてしまう。テレビ観戦していたファンにも、口をだらりと開ける八重樫の表情から、思った以上にダメージが蓄積していてスタミナ切れしている……そう感じた人が多かったかもしれません。

こんな状態でしたが骨折を疑う気持ちになれませんでした。チェックしたドクターも、ハッキリ骨折だと断言しきれない。そんな状態で試合は続いていきました。

そして11回。八重樫の状態が限界に近いと感じた私たちは、そのラウンドで思い切り勝負をかけて、ラウンド終了後に棄権しようと考えていました。

口の開きがスタミナ切れによるもの、という可能性も考えていたからです。

この期に及んで、まだ骨折を疑っていなかったのですから、本当に八重樫には申し訳ないことをしました。

それで八重樫にはっぱをかけて送り出したら、なんとポイントを取ってしまったのです。

この調子で最終ラウンドをものにできれば……。

そんな欲が芽生えました。

最終ラウンドに向かう前のコーナーで、私は八重樫に確認しました。

「あと1ラウンド。いけるか？」

「大丈夫です」

本人がいくといっているのだから……ということで八重樫の背中を押して戦場に送り出しました。

口がダラリと開いたままで向かってくる挑戦者。途中で棄権すると思ったら最終ラウンドまで持ちこたえたチャレンジャー。

最終ラウンドのイーグル選手は、明らかにパンチを打ってきていませんでした。ポイントは大量リードしているし、逆転KOされるようなパンチをもらわなければいいだけで、アゴに強打を集めてKOというのは、忍びないと思ったのかもしれません。

結果は判定負けでしたが、八重樫は最後まで戦い抜きました。

ところが……。

本人には未確認なのですが、私は大きな思い違いをしていた可能性があります。

八重樫が口にした「大丈夫」は、本当にそうだったのか？

今になって私が思うのは、あのとき八重樫は、

「ダメです」

といったのではないか。という疑問があるのです。口がうまく動かせないから発音があいまいになって、そこに私の希望的観測も入り込んで「大丈夫」に聞こえてしまったのではないか。そんな疑問です。

というのも試合後の診察で、八重樫の状態が想像以上に深刻だったことが判明しているからです。

「普通なら激しすぎる痛みで気絶している」

これが医師の見立てでした。

私も試合中ずっと間近で見ていながら本当の状態に気づけず無理をさせてしまったことを申し訳なく思いました。

屈辱と挫折が本気にさせてくれる、負けから這い上がった「ターミネーター」

八重樫は10カ月後に復帰して勝利を飾りますが、その3カ月後の2008年7月には、辻昌建《つじまさたて》選手との日本王座挑戦権獲得トーナメント準決勝で敗退してしまいます。

このあたりで八重樫の本気度が変わってきたように思います。

私も無理をさせた罪滅ぼしではありませんが、本気度が上がった八重樫に、どうにかしてチャンスを回したいと心から考えていました。

辻選手に負けた約1年後、八重樫は日本ミニマム級王者となります。

それを3回防衛しますが、このころも一度、情熱が薄れているのではないかと感じた時期があり、一度は引退を勧めたこともありました。

「日本チャンピオン止まりかな。衰えてきたようにも見えるな」

これが松本トレーナーと私の感触でした。

そこで私は八重樫に日本王座を返上させ、引退させようと決意しました。

日本コミッションに電話を入れ、

「うちの八重樫は引退します。王座も返上します」

こう連絡しました。電話を切った直後、今度は八重樫から電話が入ります。

「カミさんとも話し合ったんですが、もう一度やろうと決めました」

当時の彼は新婚でした。それもあって引退を勧めたという側面もありました。だから余計に驚きました。

「いや、お前は引退するんだから。王座は返上するんだから。もう決まったんだよ」

あやうく、こういいかけてしまいました。

八重樫との電話が切れたら、大急ぎでコミッションに電話です。

「さっきのは撤回です。八重樫は引退しないので王座も返上しません」

あとちょっと、八重樫からの電話が遅れていたら……。

八重樫の引退届と王座返上は受理されて、本人の希望によらず引退が決まっていたでしょう。間一髪で回避できた「幻の八重樫引退」でした。

このときに引退して現役を続行していなければ、八重樫の世界奪取も3階級制覇もありませんでした。今考えれば薄氷を踏む思いの出来事です。

当時の私は八重樫が世界王者になるとも、3階級制覇をするとも思っていませんでした。ただ、本人がやりたいというのを止めることはできない。その考えだけでした。

私は、

「やりたいというのは止めない。やれともいわない」

ということを基本方針としています。いずれにしても、こちらの考えに従うことを強制しないということです。

もっとも、止めざるを得ない心身の状態というのはあります。ボクシングは危険なスポーツです。命にかかわるかもしれないと思える状態でリングに上げることはできません。

それでも……。連日のすさまじい練習を見せつけられると、

「絶対にやめろ！」

こう強くいえない気持ちもあります。自分も現役選手だったから、選手の気持ちが

痛いほどわかるからです。そこで感情に流されず冷静に相手の身を思ってあげられるか。ここが問われると思っています。

しかし結婚して子どもも生まれ、八重樫の中でまた何かが変わったのかもしれません。私は彼に世界戦の舞台を用意しました。

２０１１年10月。ＷＢＡ世界ミニマム級王者のポンサワン・ポープラムックに挑んだ一戦は、それまでの八重樫を見続けてきた人からすると異質の戦いぶりだったと思います。

今では「泥臭い」という言葉が似合うほど武骨な試合展開を見せる八重樫ですが、入門当初からこの試合までは、どちらかといえば「キレイ」な試合運びをする選手でした。ちょうど尚弥のようなスタイルに近いものでした。

誰もが打ち合いを避けるような強打のチャンピオンに真っ向勝負して、八重樫は10回ＴＫＯ勝ちを収めます。

決して倒れないその姿は、まるでターミネーターのようでした。

ジム３人目（うち女子１名）の世界王者誕生でした。

いいところは徹底的に吸収。昨日の自分を捨てる勇気

当初のプランでは、このタイミングで私は八重樫にインドネシア王者と対戦させる予定でした。向こうでは英雄扱いされるような選手で記者会見までセットしていました。ところが東日本大震災直後ということもあり、大統領命令によって来日できなくなってしまったのです。

それでマッチメイクを考え直したのですが、チャンスを与えたいという気持ちが、世界挑戦という方向に舵《かじ》を切らせました。

それをものにした八重樫もすごいのですが、この試合前、彼は肩を痛めていました。ボクサーは練習中のアクシデントや古傷などもあり、経験を重ねれば重ねるほど、100パーセントの状態でリングに上がることが難しくなります。だから、できるだけ怪我を避けるコンディション作りと、怪我や古傷があってもそれを織り込んだ調整

が重要となります。

彼は世界を獲って8カ月後、2012年6月には初防衛戦に臨みますが、その試合は王座統一戦。WBC王者だった井岡一翔選手との大一番です。

このとき、川嶋が徳山選手から世界を奪取したときと同じく、

「何かが足りない」

と感じていました。そんなときに注目したのが、内山高志《うちやまたかし》選手です。

うちの所属選手・細野悟《ほそのさとし》も世界挑戦していた2011年の大みそか興行。その関係もあって前日計量などの場で、間近に内山選手を見る機会がありました。

その日にWBA世界スーパーフェザー級4度目の防衛を果たすことになる内山選手の肉体を見た私は驚きました。

どうやったらこんなに筋肉がつくのかというくらい、たくましすぎる完成度が高い肉体だったからです。これがあるからこその、あの驚異的な破壊力。本当に感心しました。

そのインパクトはあまりにも大きく、八重樫につけ足す何かを考えていたとき、す

ぐにひらめいたのです。

「あれだ！　内山の肉体を八重樫にまとわせよう！」

パワーの源泉でありスタミナの土台でもある筋肉。これを肉体改造によって八重樫につけさせる。驚異的なパワーアップをしながら、もちろんスピードも落とさない。そのために効果的な筋肉のつけ方、トレーニング内容は何か……。

そういったものを探し続け、「あれがすごい」と聞けば先生に指導をお願いし、「これは！」と思えるトレーニング法を見つければ、どん欲に試しました。

設定しているゴールと限られた時間。これらの制約の中で最大限に結果が出るトレーニング。もし効果が出なかったとしても仕方ないと割り切り、肉体改造に勤しみました。


このときに発見できたこともあります。

時代に合わせながら改良を加えていたはずのトレーニング内容ですが、やはり時代遅れの部分がかなり残っていると、確認できたのです。

簡単にいえば、

「理に適《かな》っていない」

根性論的な要素を排していたつもりでも、それに近いトレーニングメニューは、自分が気づかないところに残っていたのです。

オーバーワークにならない。そして練習量は足りている。合理的なメニューによって合宿の内容も変化しました。

昨日の手法が今日も正しいとは限りません。改善点を見つけたら早めに直すほうがいいと思います。昨日の自分にこだわるあまり、向上するチャンスを失うほうがもったいないでしょう。

練習時間が短縮されているはずなのにパンチ力はアップする。八重樫の進化を見て、自分が切り替わった瞬間でもありました。

昨日までの自分が持っていた常識は非常識。そうしたことを気づかせてくれるのは多くの場合、選手たちです。

幸運だったのは八重樫が、さまざまなトレーニング方法に対して好奇心旺盛だった

ことです。自分で勝手に調べてきては、

「会長、今度これを試したいんですけど」

と提案してくるのです。私は、

「好きにやれ」

としか応じません。選手の気持ちが最優先です。

すると八重樫の経験を通じて、トレーニングに対する見方が、私の中でも変わっていきました。


統一戦には敗れてしまいましたが、このときに徹底的に肉体改造に勤しんだ甲斐《かい》があって、八重樫は選手寿命を大幅に伸ばせたと思います。そして3階級制覇への土台が作られたと思います。

肉体改造の理論を含めて自分の中に吸収しているから、無理なくコンディション調整ができるという術を身につけているのかもしれません。

もしも肉体改造をしていなかったら、とっくに引退していた可能性は高いと思いま

「八重樫東はWBAミニマム、WBCフライ、IBFライトフライの3階級で世界。」

す。

ときにオーバーワークに思えるようなメニューをこなしていても、最終的には仕上げてくるだろうな、という信頼感が、現在の八重樫にはあります。

冷静に客観的に彼を見ていて、選手としてのピークは現在だと断言できます。それほど肉体がいつもフレッシュです。若いときのように、急にモチベーションが下がることもありません。常に心身ともに充実していると感じます。

スタミナに衰えはないし、スピードも維持できている。減量なども計画通りに進められるし、練習中にちょっとした故障をしたとしてもケアできる。

トータルでボクサーとしての能力は若いときより高まっているし、それに経験や知識が加えられているから、明らかに若いときより強くなっています。

だから30代後半と、引退勧告されてもおかしくない年齢にあっても私は、彼が自分から「引退する」と表明するまで、現役を続けさせる考えです。

今がピークなのに強引に引退させても、私にも八重樫にも悔いしか残らないと思うからです。

第6章

今の自分を作った原点……自分自身を振り返る

「1992年10月14日。
WBA世界ミニマム級王座を獲得して
2団体制覇。」

無意識に学んでいたカウンター戦法。私の礎を作っていた5歳上の兄

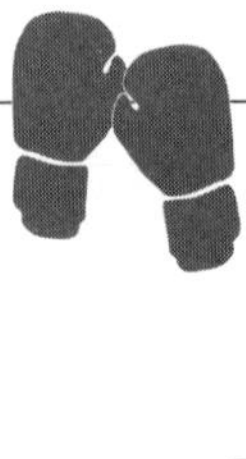

私には5歳上の兄がいます。名前を克行《かつゆき》といって昔はプロボクサーでした。

小さいときの兄は、何かのスポーツが流行すると、すぐそれに夢中になるところがありました。

空手が流行《はや》れば空手を、キックボクシングが人気になればキックボクシングを、ボクシングが盛り上がってくるとボクシングを、という感じです。ほとんどが格闘技ですね。

そして兄は何かの競技に夢中になると、決まって私を相手にしました。だから幼少期の私は遊びとはいえ、いろいろな格闘技を経験していたことになります。

兄にとってのボクシングヒーローは、世界王者にもなった大場政夫《おおばまさお》さんでした。

今どきの言葉でいえばイケメンで強い。オシャレでカッコよくて、当時の男の子だ

ったら、みんなが憧れたと思います。

大場さんのマネからはじまった兄のボクシング熱。兄からおもちゃのグローブを手渡された私は、毎日それをつけて家の中で兄と試合です。

私が幼稚園児だったら兄は小学校高学年。体格差は当然、力だって全然違います。かなうはずのない私は、毎日のようにサンドバッグにされていたようなものです。

そこで私は考えました。

「痛いな。痛いのは嫌だから、殴られないようにしよう。どうしたらいいかな」

こんな考えから、とにかく兄のパンチを必死で避けました。

おかげで相手のパンチを見切る動体視力や避けるための基礎のようなものが、自然と身についたと思います。

当時は痛さから逃れるのに必死でそんな考えなどありませんでしたが、今となっては兄が最初のトレーナーのような存在に思えます。

そのうち、兄のパンチをかなりの確率で受けずにすむようになりました。

こんな幼少期の体験が土台となって、後のカウンタースタイルが生まれたのかもしれません。

そう考えると、人生いつ何がどう活かされるかわかりません。

そうして幼少期から知らず知らずのうちに鍛えられていた私は、中学時代、授業の柔道で柔道部員にも勝ってトーナメントで優勝したこともあります。そのくらい腕力や握力が鍛えられていました。

やがて兄はプロボクサーの道を歩み、その背中を見ていた私も自然にボクシングを本格的にしてみたい、と思うようになりました。

そこで当時、兄が在籍していた協栄河合《きょうえいかわい》ジムに通うようになります。

プロも在籍するジムで練習を続けるうちに、私は技術が磨かれていることに大きな自信を持つようになっていました。そこで進学先として地元の名門・横浜高校を選びました。

当時の横浜高校ボクシング部は全国屈指の強豪でした。

中学時代から腕に自信があった私は、その中に入っていっても十分についていけると自信満々で入学したのですが……練習初日に驚きました。

私は中学時代からプロが在籍するジムに通うようになっていました。だからプロの練習も自分の眼で見ています。そのジムの人たちより高校の先輩のほうが強いと感じたのです。

まるで練習メニューについていけないのです。先輩たちのレベルが高すぎて、私ごときでは相手にならないくらいでした。

入学当初の私は天狗になっていたと思いますが、世の中は広いということを、練習初日に思い知らされたのです。

自己評価は「プロ並み」でも「駄馬」と呼ばれた高校時代

高校時代の監督は海藤晃《かいどうあきら》先生でした。

とにかく「ムチ」の人で、在学中に私は褒《ほ》められた記憶がないほどです。

当時は当たり前だった、現代だったらＮＧだろうという指導もありました。

少なくとも私からすれば「厳しい」の一点張りの指導だったといえます。

最初にかけられた言葉は、

「お前は駄馬《だば》だ。だから人の３倍努力しなければならない」

でした。

腕に覚えがあって入学してきた天狗の私には強烈なひと言です。

私が入学する前の横浜高校ボクシング部には、海藤監督が、

「横浜高校史上最高の天才」

と呼ぶ副島保彦《そえじまやすひこ》さんがいました。大学時代に幻のモスクワ五輪代表に選ばれた方です。その先輩と比較されたのです。

「小さいころにボクシングをはじめたっていっても、副島みたいなのがサラブレッドなんだ」

こんなふうにいわれました。私のちっぽけなプライドは無残にへし折られます。伸びた天狗の鼻を容赦なく真っ二つに両断です。

私が天狗になっていたのには理由があります。

中学ではじめたジム通い。そこで4回戦クラスの選手に勝てていたからです。中学3年生のときには、日本王者の練習相手ができるぐらいになっていました。だから自分で自分の実力は「プロ並み」だと思っていたのです。

ところが監督に「駄馬」といわれ、先輩たちは自分が知るプロ以上に強い。早々に天狗の鼻をへし折ってもらえてよかったと思いますが、15歳の子どもには過酷な状況だったと思います。

それでも気を持ち直してなんとか練習についていこうと必死になりました。監督が「3倍」といった意味が、ほどなくしてなんとなく理解できたからです。

そして厳しい練習をこなしていると、時間とともに、自分がだんだんと強くなっているのが自覚できました。

高校2年の8月、私は地元の神奈川県で開催されたインターハイに出場しました。ボクシングは山梨県が会場でした。そのころでも海藤監督とは、廊下でも控室でも会うのが怖かったくらいでした。

このインターハイに優勝。当時は2年での優勝が珍しかった時代で、今度こそは手放しで褒めてもらえると信じていました。ところが期待は見事に裏切られ、

「まだまだだ！　このくらいで満足するんじゃない！」

という感じで怒られました。たぶん、褒めたら天狗の鼻がまた伸びると考えていたのかもしれません。たしか当時、新聞でも大々的に取り上げられて、「ロス五輪の星」という見出しがついていたような気がします。それで私もその気になり、ちょっと浮

ついたところが見えていたのかもしれません。

当時はインターハイから3カ月後の11月に東西対抗という大会がありました。2連続優勝がかかる私は、それを達成するためだけに3カ月間、今までにないほどのストイックな練習を積みました。練習の質と量には、今でも自信を持っています。

どんなメニューだったかというと、朝は4時に起きて走り込み。そのまま学校に行ってジムワーク。普通に部活の練習をしてから夜はボクシングジムに向かい、プロを相手にスパーリング。終わったら家まで走って帰る。これを続けました。

しかし大会では、沖縄の興南高校の名嘉真堅安《なかまけんあん》選手に負けてしまいました。しかも同学年です。ショックでした。あれだけ練習したのに優勝できないどころか、同い年に負けたからです。この名嘉真選手とは因縁が続きます。

翌年の鹿児島で開かれたインターハイで再戦の機会に恵まれました。彼との再戦を願い、雪辱を期して過ごした1年でしたが、ここでも敗北。けっこう際どい判定でした。それで悔しくて次の東西対抗まで、またひたすら練習です。そしてようやく勝利しました。これで3戦2敗。

このころ私はプロに進むことを決めていましたし、名嘉真選手もプロに行くと知っていたので、次の4戦目はプロのリングで……そして星を五分にする！　そう決意していました。ところが運命は思いがけない方向に動いてしまいました。

彼はプロで初めての10回戦でダウンを喫するなどして、9回レフェリーストップのTKO負けをしてしまったのですが、倒れるときに頭を強打したのか、くも膜下出血を起こして車いす生活になってしまったのです。

私も会場で観戦していたのですが、担架で運ばれる姿を目の前で見て非常にショックでした。再戦するつもり満々で練習を続けていた私は、彼より強い選手がプロにはいるという現実を改めて突きつけられるとともに、これまで長く練習を継続する原動力となっていたライバルを失ったのです。

実は当時、日本最短記録となる7戦目での世界奪取を目指していた時期でもありました。相手は絶対的といわれる圧倒的な強さを誇る、韓国のWBC世界ライトフライ級王者、張正九《チャンジョング》です。

ライバルの存在は本当に大切で、私は彼がいなければ、あんなにストイックな練習を続けることはできなかったと思います。

私にとって彼は、世界王座を争った2人と同格のライバルです。

そのハードトレーニングが私の地力を底上げしてくれたのは間違いありません。

彼とは後日談があります。きちんと引退式をしていなかった名嘉真選手は、15年越しのセレモニーを地元の沖縄ですることになりました。

そこに私が呼ばれました。友人代表などではなく、彼の代役をするためです。彼に代わって私がリングに立ち、彼に代わって引退のテンカウントゴングを聞きました。名嘉真選手が私と同じように人生のエポックとなるライバルと思っていてくれたことにも感謝ですし、私を呼んでくれた彼の家族にも感謝です。

話が変わりますが、名嘉真選手との3度の試合は、世界戦を戦う私の血となり肉となってくれました。

というのも7戦目で戦った世界王者の張正九のスタイルが彼と似ていて、それに気づいた私は途中から、夢の続きを見ているような感覚になりました。

願っても果たせなかった彼との対戦の続きを戦っているように感じたのです。そして私が記憶する彼のほうがチャンピオンよりシャープでスピードもあったので、

「これなら勝てる！」

と冷静に試合を運べる心持ちにさせてくれたのです。

しかし負けてしまいました。

この経験があって私は、何が後々の人生につながるかわからないな、という思いを改めて強くしました。

海藤監督ですが、今は私のジムでトレーナーをしてもらっています。アマチュア担当で週2回の出勤ですが、それでも居てもらえると私が助かります。

もう80歳を優に超えて、当時と比べて丸くな

った印象はありますが、それでも私の中では「当時の監督のまま」なのです。監督が目の前にいれば自然と背筋が伸びますし、高校時代のようなピリピリしたムードに包まれます。

監督の指導手腕を頼っているのはもちろんですが、それ以上に私が、

「初心を忘れない」

ためにも、欠かせない存在なのです。

この年になると、何かのアドバイスや忠告をしてくれる人が、ほとんどいなくなります。その私に面と向かって意見をいってくれるのが、海藤監督だからです。

2人とも年を取りましたが、やはり今でも「先生と教え子」なのです。

五輪出場の夢破れ、いよいよプロの舞台へ

高校を卒業した私は専修大学に進学しました。高校時代の実績もあったので、ロサンゼルス五輪の出場選手候補にも挙げられていました。

ところが大学1年のとき、五輪選考を兼ねた大会の準決勝で私は五輪2大会連続出場も果たすことになる黒岩《くろいわ》守《まもる》選手に敗北します。スパーリングでは何の問題も感じていなかったし、調子が悪かったわけではないのに負けてしまいました。

五輪行きの望みが絶たれた私は、結局は大学を中退してプロ入りする道を選びます。

これも今思えば、より早くプロになったおかげで世界を獲れた、というように解釈しています。もちろん当時は悔しさしかありません。

なぜプロ入りをすぐに考えられたのか。

実は当時、すでに私は元世界王者に練習相手をしてもらっていました。

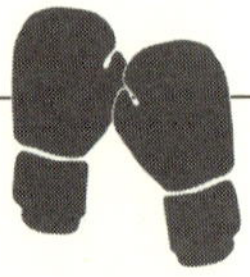

それが花形進《はながたすすむ》さんです。

私にとって、お世話になっている協栄河合ジムの先輩でもあった花形さんは当時、自分のジムを設立しようとしていて、ジムを立ち上げたら入門第1号として私が行く。そんな計画をしていました。

私も引き続き花形さんにお世話になるつもりでしたが、最終的に入門したのはヨネクラジムです。

当時は米倉会長からも毎日のように、

「うちに来ないか？」

という勧誘の電話をいただいていました。

そのことは花形さんにも隠さず伝えています。

するとある日、花形さんから、だいたい次のようなことをいわれたのです。

「ヨネクラジムは世界王者もたくさんいるし、今までの実績もすごいし興行能力も高い。お前の将来を考えたら、今から立ち上げるジムに入るより、米倉会長のお世話になるほうがいいんじゃないか？」

こっちはビックリです。まさか花形さんから、

「ヨネクラジムに行け！」

といわれるとは思ってもいませんでした。

これは今でも感謝しています。花形さんは同じ横浜出身ということも手伝ってか私に優しく、ジムも地元に設立予定でした。

そのまま入っていれば、地元ベッタリでジム会長の優しさに甘える……。そんなプロ人生を送ったかもしれません。もしかすると、そういうことも考えて花形さんはヨネクラジムを勧めたのかもしれません。


米倉会長と入門に向けた話をすることになり、山下公園の近くで会いました。

「高校時代の試合も見ていたよ。君の眼は世界チャンピオンになれる人間の眼だ！」

こんなことを熱くいわれて、米倉会長のお世話になることを決めたのです。

ところが後日、ジムで準備運動をしているときに、またビックリしました。

入門を希望してジムにやってきた未経験者たち一人ひとりに米倉会長は笑顔で、

「君は世界チャンピオンになれる！」

と同じことをいっていたからです。

「なんだよ。誰に対してもいっているのか……」

自分の声が聞こえる距離に私がいるということに気づいていなかったのかもしれません。

ところが、これが高校の監督とは真逆の、米倉会長ならではの「アメ」による育成の基本だったのです。

簡単にいえば褒めて伸ばす。選手個人の持ち味を活かす。

とにかくおだててモチベーションを上げて、限界以上の能力を引き出す。

そうした育成手法に、米倉会長は長《た》けていました。もちろん、そうしたことを理解するのは、ずっと後になってからです。

米倉会長の「アメ」は、たしかに甘くておいしいのですが、ジムでの練習はハードそのものです。

合同練習に参加した私は当初、そのハードさについていけなかったほどです。

高校入学時に感じた天狗の鼻をへし折られる気分。これをプロ入り直後にも味わったのです。

そんな私に対して会長が付けたキャッチフレーズが、

「150年にひとりの天才」

です。具志堅用高《ぐしけんようこう》さんが「100年」だったので、さらに上を行くという意味で「150年」としているのですが、なんで「200年」ではなく半端な「150年」だったのか。150年前にボクシングは誕生していませんでしたし、今でも謎です。

当時の私は、

「何いってるの？　恥ずかしいな……」

とキャッチフレーズに対して後ろ向きでしたが、ずっと前向きに明るく同じことをいわれ続けると、人間は錯覚します。相手の発言内容が本当だと思えるようになって自信がついていくのです。これも「アメ」の効果です。

「自分につけられたキャッチフレーズは
いつの間にか本物に変化していきました。」

私のジム経営を支える「アメ」と「ムチ」

私は高校時代に強烈な「ムチ」を味わい続け、プロの世界では、それと真逆の強烈さがある「アメ」を味わい続けました。

両極端な指導方法に触れられたことは、今の私に活きています。

どちらの効能も知り尽くしていますし、私が経験した「ムチ」と「アメ」は、どちらも超一級品です。

だから自分が経験したことを追体験できる環境を整えてあげればいいだけです。そういう意味ではゼロベースで指導理論を作る必要がなかったので楽だったかもしれません。

そしてプロのジム経営という点では、完全に米倉会長のマネです。

興行の打ち方、マッチメイクの組み立て方、スポンサーとの交渉……。

側《そば》で見続けた会長の手腕を、そのままいただいています。それに時代に合わせるなどの自分なりの補足を少ししているといった感じです。

私はヨネクラジム在籍時代、会長に同席してジム所属選手の世界戦などを観戦していました。目の前でジム経営の基本が学べていたのです。

世界王者を何人も育ててきた名門ジムの経営を実地で学ぶことができていたのですから、今の結果は想定していた通りです。

そして当然の結果だと胸を張れます。ジム設立から10年近く経《た》ってようやく世界王者を輩出しましたが、それまでの間、焦りもありませんでした。

時代に合わせるというのは、わかりやすくいえば次のようなことです。

私の現役時代は、

「練習中の水分補給NG」

が当たり前でした。喉が渇いて水でも飲もうものなら、先輩でも先生でも容赦なく叱り飛ばしてきます。そのくらいの我慢ができなくてどうする！……毎日が我慢比べだったといえます。

ところが現在、そんなことをいえば「非常識」と笑われます。適切なタイミングで適量の水分を補給して、体が渇きすぎないように管理する。体内に熱がこもりすぎないように注意する。それが常識です。

今から思えば、現役時代の試合前の減量は、どちらかといえばまず脱水症状に体を置いて、さらに水分を絞り抜く。そんな感じでした。

どう絞っても出てこない水分を、無理をして絞り出す。体はカラカラで汗も出なくなり、いつも体内に熱がこもっているような状態で、ずっと微熱が続いていたのもうなずけます。

しかし当時は、そうするのが常識で疑う余地はありませんでした。

ところが常識は時代とともに変化します。

適度に水分補給すれば、それがラジエーターの役目を果たしてくれます。体から余計な熱を逃がしてくれるので、必要以上にヒートアップすることがなく、微熱も出なければ熱中症の心配もありません。

それから、これは比較的最近になって気づいたのですが、水分を補給しながらのほうが、効率的に減量が進められます。

不思議なもので、体内に少しの水分を入れるだけで発汗作用が強化されて、無理をせずとも水分が体から大量の汗として出ていくのです。水分補給をせずに水分を抜くより、よっぽど楽で効果的です。

当時の私がこの事実を知っていれば、もっと楽に減量ができたのに……そんなことを思うこともあります。

だからヨネクラ方式では、

「水分補給ＮＧ」

でしたが、私はそれを、

「水分補給ＯＫ」

にしています。こうした細かな変更を、いろいろなところで取り入れています。

敗戦後こそ「男の見せどころ」、負けを負けのままにしない心

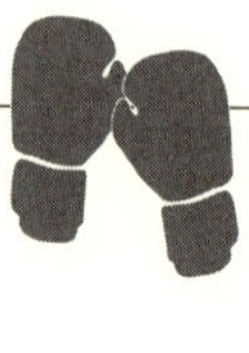

私はいろいろな経験があってチャンピオンになれると思っています。

経験の中身は人それぞれです。

その中で誰にでも当てはまると思う大事なことは「出会い」です。

私の場合は、「ムチ」の海藤監督や「アメ」の米倉会長といった指導者との「出会い」がありました。そして名嘉真選手や黒岩選手といった挫折を味わわせてくれる相手にも恵まれました。

後から思えば格闘技の素地を身につけさせてくれた兄。

高校や大学での部活の仲間。

プロ入り前までお世話になった協栄河合ジムのみなさんや花形さん。

ヨネクラジムの先輩や後輩、それにスタッフ。

いろんな「出会い」すべてが、私が世界王者になるために欠かせないものだったと思います。

そうした「出会い」がいろいろな経験をさせてくれます。

その中には「敗戦」もあります。

いろいろな意味で、人生で人はいっぱい負けます。勝ち続けて死ぬ人なんて、ほとんどいません。

私のボクシング人生は山あり谷ありで、たしかに世界タイトルは2度獲りましたが、数多くの敗戦も経験しています。

しかし私は、

「いっぱい負けるのが人生」

だと思っているので、負けたからといって泣き寝入りはしません。

「敗戦を無駄にしない」

これが大事だと思っています。

負けたときこそ、

「男の見せどころ」

です。どうやって敗戦の痛手をいち早くぬぐって、それを糧《かて》に次に勝利するか。敗戦を敗戦のまま終わらせないという気持ちが強ければ、負けてもすぐに立ち上がれます。

実際に私は、今も負けっぱなしの人生です。特に交渉事などは連戦連敗といってもいいほどです。

だけど敗戦に学ぶことは多い。

次の交渉は、先の敗戦を活かせば首尾よく進められるかもしれないし、少なくとも前と同じような負けかたはしない。また負けたとしても、そこから反省点を見つけて次につなげればいい。

私が初めて世界をつかんだ試合というのは、そんな「敗戦に学ぶ」スタンスが呼び込んだものです。

１９８０年代の韓国ボクシング界は黄金期で、特に軽量級では難攻不落の世界王者をたくさん輩出していました。

その韓国の国民的ヒーロー張正九と2戦して連敗した私ですが、そのときに韓国選手の傾向が何となく見えたのです。

ボクサーのファイトスタイルには、どこかにお国柄が出ます。同じ国の選手なら、どこかに似たような特徴を持っていることが多いのです。それを研究して挑んだ3度目の韓国人選手がＷＢＣ世界ミニマム級王者の崔漸煥《チェジョムファン》でした。

研究結果が見事に当たり、私は世界戦挑戦3戦目にしてようやく、世界王座を奪取しました。

そうした経験をし続けてきた私は普段、負けた試合しか思い出しません。

勝った試合の記憶は薄らいでいっても、負けた試合のことは昨日のことのように鮮明に思い出せます。高校時代の敗戦でも大学時代の敗戦でも同じです。

ダメなときは周囲から見ても、

「敗北の色」

が自分から漂っています。

でも、そんな色は自分で変えられます。訓練すれば誰でもできます。

それを可能にしてくれるのが、

「負けを忘れない」

「敗戦を無駄にしない」

こういった気持ちです。

ボクサーとしても引退後の経営者としての人生でも負けを多く経験してきた私。最近では、負けたりピンチを迎えたりするとワクワクする癖がついてしまいました。

どう乗り越えてやろうか。そんな闘争心に火がつくのです。

それに負けた直後というのは最悪の状態ですが、裏を返せば、

「上がる前兆」

が見えている状態ということです。最悪を迎えたなら、それ以上は落ちようがありません。

負けることを悪いと思わずにいることが重要だと思います。

「前向きで「敗北の色」を出さない。米倉会長もそうだったと思います。」

人との出会いの重要性。出会いがもたらす良運をつかむ

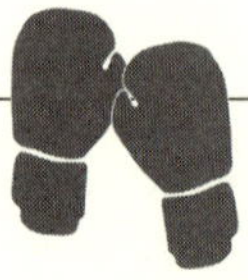

私は２０１０年４月から６年間、日本プロボクシング協会の会長を務めさせていただきました。最近、ある人から、

「２代前の会長が米倉さんで、２代後が花形さん。恩人２人ときれいなサンドイッチ状態ですね」

こんなことをいわれました。それまで気づいていなかったのですが、たしかに事実です。私のプロ人生、世界王者への道を決定づけた２人の恩人にキレイな形で挟《はさ》まれている……。何やら不思議な縁を感じました。

私は出会いが大事だと思ってきました。

現役だった当時もジム経営者となった今も、周囲の人の力添えがあって自分が成り立っています。自分のことをサポートしようと思ってくれた人たちが動いてくれたか

ら、その力が結集したからこその、自分のキャリアです。

プロであれば、トレーナーをはじめとしたチーム。スパーリング相手の選手。プロモーターやスポンサー、マスコミ……。本当に多様な業界のさまざまな人たちが、自分ひとりのために力を貸してくれています。そして忘れてはならないファンの存在。

こうしたことを常に忘れず、感謝の気持ちを持ち続ける、というのは、特に上に行けば行くほど求められると考えています。

ボクシングというのは、一歩間違えれば野蛮なだけの競技とされてしまう危険があります。それはそうでしょう。ひたすら相手を殴って10秒気絶させたら勝ち。そういうスポーツなのですから。

だからボクサー、特にプロボクサーは、リング内は当然のこと、リングを降りた後の日常的な態度にも、神経を使う必要があると考えています。

プロに限れば、この世界はファンがいてはじめて成立します。

プロボクサーというのは、30人が「ＯＫ」だとしても、ひとりから「ＮＧ」を出されたら評価はゼロになる。そういう存在です。

リングサイドでファンに握手を求められたら、時間が許す限り全員と平等に握手を交わすことが必要な存在だと思います。コンビニでの買い物中でも何でも、ファンに声をかけられたら「ありがとう」の言葉を返すことが求められるでしょう。タクシーを使って運転手に話しかけられても「ありがとう」と答える……。

それから、

「自分より弱い立場の人にこそ敬語」

これが大事です。相手を尊重しているからこそ自然と敬語で話せると思うし、そのためには日ごろからの心配りが必要です。

トレーニングを積んで一定以上の強さを備えている。それがボクサーなのですから、フィジカルな強さをひけらかすのではなく、心の強さ、それが生み出す優しさを持っているのだと、言葉や態度で示すことが大事だと思うのです。

人との出会いといえば、非常に嬉しかったと同時に驚かされた思い出があります。

私がWBC世界ミニマム級王者として2度目の防衛戦を戦った相手が、アマ時代から無敗の最強挑戦者、メキシコのリカルド・ロペスです。

彼は私から3度のダウンを奪って世界王者になりましたが、その後も勝ち続け、同じ階級で3団体を制覇、ライトフライ級でも世界を獲るなどして無敗（1引き分け）のまま引退しています。

そんな彼が、私との試合から10年ちょっとで引退会見をすることになるのですが、その日は私に勝った日を選んでいました。

偶然かなと思っていたのですが、会見でロペスが語った内容の翻訳を読んで、いろいろな思いが湧き起こりました。彼は、

「オオハシに勝った試合がもっとも印象に残っている」

「試合前の握手でオオハシの握力が非常に強いことを知り、その力強さに恐怖を覚えて震えてしまった」

というようなことを語っていたからです。

私に5回で勝ち、無敗のままリングを去った強い男が？

このときまで私は、無敗の男に恐怖の感情はないと信じていました。それが間違っていたのです。

そして考えを改めました。

「怖いというプレッシャーは誰にでもある」

「怖いという感情を抱くことは恥ずかしいことではない」

この発見は後のマネジメントに活かされています。

どんな選手でも、試合が決まれば何かしらのプレッシャーを感じます。強がっていても内面では怯《おび》えている場合だってあります。

もしも内面では怖がっていると感じた選手を相手に私が言葉をかけるとしたら、

「怖いのは恥ずかしいことじゃないのだから、気にせず表に出せ」

というようなものでしょう。素直に感情を表に出すことができれば、それだけでリラックスできることもあります。内面で恐怖を感じている自分を恥じているから、強がってみせるけど、そんなことをしていたら、ますます自分で自分にプレッシャーをかけてしまいます。

だったら恥ずかしがらず「怖い」といって気持ちをスッキリさせたほうが、メンタルコントロールはしやすいと思います。

「負けてもともと」と開き直れたら、練習の効率も上がるかもしれません。

先に記したロペス戦。

私は高熱を出してしまって本調子ではなく、負ける可能性を自分で引き上げてしまっていました。これはプレッシャーに負けていたからです。

日本最短記録を狙ったプロ7戦目もそうですが、私は、ここ一番という試合を落とし続けていました。

原因を環境や他人のせいに求めようとしましたが、いろいろ考えて、やはり自分に原因があると、当時から気づいていました。

それに加えてロペスの発言です。

プレッシャーは原因のひとつにはなるけれど、それを抱いてしまうことは恥ずかしいことではない。昔の自分も開き直って「怖い」ことを周囲に告白していたら、もしかすると違った結果を残せたのかもしれません。

できるだけ別世界の人間と付き合う、出会いこそが財産だ！

最後の最後に、おまけのような話を書きます。

私が在学当時の横浜高校はボクシング以外にも野球やアーチェリーなど、いくつもの運動部が全国区で活躍していました。野球部は最初の全盛期といえた時代で、私が入学したときの3年生に、あの甲子園優勝投手・愛甲猛《あいこうたけし》さんがいました。全国的に有名なスーパースターですから、当時は雲の上の存在です。

それがいつからどうやってなのかハッキリ覚えていませんが、今では気軽に会って話せる間柄になりました。愛甲さんは、ＳＮＳなどで公言していることですが、「高校の後輩で尊敬できる人物３人」の最初に私を挙げてくれています。本当にありがたいことです。残る２人は野球の松坂大輔《まつざかだいすけ》と筒香嘉智《つつごうよしとも》です。私だけボクシング部。

実は私は在学中から、ボクシング部員よりも別の運動部員との交流のほうが多かった気がします。ボクシング部員が好きじゃなかったとかそういうことではなく、別の世界に生きる人間への興味が勝っていたのかもしれません。

中でも野球部員との接点が多かったので、いまだにボクシング部ＯＢと同じかそれ以上に野球部ＯＢとのつながりがあります。

私が日本プロボクシング協会会長に就任したときも、ボクシング部ＯＢ会より先に野球部ＯＢ会からお祝いが届いたほど。

これには驚きましたが、意識するとしないとに関係なく高校時代から広い視野で人脈を作っていたのは、結果として私にとっての大きな財産になっています。

ジム経営者になると、必然的にボクシング界より別の世界の人との接点が増えます。そんなときに、外の世界も知っているということが活かされたからです。

そういうこともあって私は、ボクサーだからといってボクシング界の人間とだけつき合っていればいい、とは思いません。

何がどうつながるかわからないから、交友関係はできるだけ別世界と作るほうが自分にとってプラスになるのではないかと考えています。

「後援会による祝勝会も「出会いは財産」を感じさせてくれる場です。」

級世界
大橋
A's

私は
もっと多くのチャンピオンを
作っていきたい。　大橋秀行

切りとり線

★読者のみなさまにお願い

この本をお読みになって、どんな感想をお持ちでしょうか。祥伝社のホームページから書評をお送りいただけたら、ありがたく存じます。今後の企画の参考にさせていただきます。また、次ページの原稿用紙を切り取り、左記編集部まで郵送していただいても結構です。

お寄せいただいた「100字書評」は、ご了解のうえ新聞・雑誌などを通じて紹介させていただくこともあります。採用の場合は、特製図書カードを差しあげます。

なお、ご記入いただいたお名前、ご住所、ご連絡先等は、書評紹介の事前了解、謝礼のお届け以外の目的で利用することはありません。また、それらの情報を6カ月を超えて保管することもありません。

〒101―8701（お手紙は郵便番号だけで届きます）
祥伝社　書籍出版部　編集長　栗原和子
電話03（3265）1084
祥伝社ブックレビュー　www.shodensha.co.jp/bookreview

◎本書の購買動機

＿＿＿＿新聞の広告を見て	＿＿＿＿誌の広告を見て	＿＿＿＿の書評を見て	＿＿＿＿のWebを見て	書店で見かけて	知人のすすめで

◎今後、新刊情報等のパソコンメール配信を　　希望する　・　しない

◎Eメールアドレス

@

100字書評

最強モンスター井上尚弥はこうして作った

住所
名前
年齢
職業

最強《さいきょう》モンスター井上尚弥《いのうえなおや》はこうして作《つく》った
5人の世界《せかい》チャンピオンを育《そだ》てた大橋流《おおはしりゅう》マネジメント術《じゅつ》

令和元年12月10日　初版第1刷発行

著　者　大橋《おおはし》秀行《ひでゆき》
発行者　辻　浩明
発行所　祥伝社《しょうでんしゃ》
〒101-8701
東京都千代田区神田神保町3-3
☎03(3265)2081(販売部)
☎03(3265)1084(編集部)
☎03(3265)3622(業務部)
印　刷　萩原印刷
製　本　積信堂

ISBN978-4-396-61712-7 C0095
Printed in Japan
祥伝社のホームページ・www.shodensha.co.jp